Salle des pas perdus

Du même auteur

Du gypse, du plomb et une légère odeur de fraise, Fayard, 2003.

Diététique et balle perdue, Plon, coll. « Roman noir », 2007.

Sophie Endelys

Salle des pas perdus

Le quotidien d'un juge

PLON
www.plon.fr

ISBN : 978-2-259-21586-2

« Observez bien le comportement de ces gens : trouvez-le surprenant, même s'il n'est pas singulier ; inexplicable, même s'il est ordinaire ; incompréhensible, même s'il est la règle. »

Bertolt Brecht.

Avant-propos

La réalité dépasse la fiction.

Les personnages de ces nouvelles s'inscrivent dans une réalité judiciaire réécrite pour garantir l'anonymat de chacun, rendre lisibles les rouages procéduraux et donner un aperçu de la diversité des situations auxquelles les juges sont confrontés.

Si un tribunal est une scène où la loi est la même pour tous, la vie qui s'y joue est chaque fois unique et singulière. Il suffit souvent d'un rien pour que tout bascule : de la norme au scandale, de l'ordinaire à l'horreur, de la comédie à la tragédie.

Dans la tradition juridique, le juge est, pour reprendre les termes de Montesquieu, « la bouche qui prononce les paroles de la loi ». Pourtant, avant d'être des techniciens, les professionnels du droit sont les témoins de drames, de souffrances, de déchirures, de l'agressivité, de haines et parfois de pardons. Derrière chaque cas se cache le destin d'hommes, de femmes et d'enfants. Quoique l'émotion soit mauvaise conseillère, elle n'est jamais loin des prétoires. Il est rare que certaines situations misérables auxquelles nous avons été confrontés lorsque nous étions jeunes magistrats ne nous aient pas explosé en plein cœur. Ceux qui s'en défendent ne font que s'en défendre, rien de plus. Ainsi une décision de justice n'est jamais désincarnée, froide, implacable, rigide. Elle n'est pas non plus, n'en déplaise à Durkheim, une simple réaction passionnelle à la transgression. Un jugement est l'aboutissement du travail collectif de nombreux intervenants, tous liés d'intérêt dans la poursuite d'un dessein commun, mais défendant des objectifs divers, voire opposés. Ainsi magistrats, policiers, avocats, avoués, experts, greffiers, travailleurs sociaux et tous les autres... portent leurs regards croisés, mais complémentaires, sur les procédures. Si l'identité professionnelle ne se confond évidemment pas avec l'identité personnelle, elle ne saurait s'en abstraire. Justice parfois, humaine toujours.

Je plaide coupable et j'en demande pardon à la vérité : je lui ai librement emprunté la matière de cet ouvrage. Réunies en un récit à la façon des *Contes de la bécasse* de Maupassant, ces nouvelles ne poursuivent aucun but didactique ou polémique. Ne s'y cache nulle prétention d'expliquer, de disculper ou de justifier ce métier que j'aime et que j'exerce avec passion. Ni documentaire ni fiction, ces brèves d'instants volés dans les prétoires ne sont qu'un échantillon de notre quotidien de magistrat.

Ce soir-là, nous sommes quatre magistrats sortant d'une audience interminable. Nous avons envie de manger ensemble un morceau dans un coin calme. Autour du Palais, les bistrots sont bruyants et surpeuplés. Chaque porche, chaque pavé renvoie un déluge de décibels : un 21 juin et malgré l'heure tardive, la ville fête encore sa musique. Après avoir essuyé quelques refus, l'un d'entre nous dit connaître un de ces lieux où l'on peut discuter autour d'un bon verre de vin.

Au fond d'une impasse, la porte vitrée du bistrot nous donne enfin accès à une pièce sombre, paisible, éclairée par des loupiotes qui se réfléchissent sur des boiseries vernissées. Les murs couverts de livres renforcent l'impression de chaleur et d'intimité. Dans une partie plus isolée se trouvent des fauteuils de vieux cuir devant une table basse.

— J'allais fermer, nous dit l'homme qui nous accueille. Vous êtes mes derniers clients. Aussi, le calme, je vous l'offre. Pour le morceau, il me reste quelques chiffonnades de jambon et une grande quiche qu'il me suffit de réchauffer.

Cela nous convient et nous prenons place.

Quand un magistrat rencontre un autre magistrat, de quoi parlent-ils ? D'affaires de magistrats. La conversation roule sur l'audience pénale qui nous a occupés toute la journée.

Le cafetier s'approche et ouvre une bouteille de vin. Il nous interrompt :

— Vous êtes tous juges ?

Aussitôt, le visage de mes collègues se ferme. Les juges, ça ne discute qu'avec des juges : obligation de réserve, secret du délibéré, quant-à-soi, prudence... L'homme ne se laisse pas impressionner. Il achève de remplir nos verres et s'assoit à nos côtés. Alors que je m'attarde devant les reflets ardents d'un chinon Clos-de-Turpenay que l'on vient de nous servir, notre hôte poursuit :

— C'est quoi la vie pour vous ?

— Au risque de banaliser la fonction, il est assez malvenu de rappeler que nous avons un corps, une famille et des soucis comme tout le monde.

Comme toujours j'ai parlé la première. Le vin me rend communicative.

— Vous avez bien des agacements, des contrariétés ? insiste notre hôte.

— Qui ça intéresse ?

— Tous ceux qui vous observent ! Moi par exemple. Je ne vois de vous que des robes noires qui parfois apparaissent dans les médias ou descendent dans la rue. Je perçois un malaise mais je ne le comprends pas.

— S'il s'exprime trop, le juge s'abaisse, on ne le respecte plus. Trop proche des gens, il se standardise et perd sa légitimité. Son autorité devient alors discutable, lance Thomas.

Thomas est procureur, c'est le plus âgé d'entre nous. Lui non plus n'est pas insensible au vin qu'il hume avec une gourmandise non dissimulée.

— Peut-être, réplique notre hôte, mais si vous êtes trop éloignés des réalités, on va vous qualifier d'indifférents ou d'insensibles. On vous soupçonnera d'être déconnectés de la vie, la vraie.

— De toute façon, sa légitimité est en berne, clame

Justine, une collègue juge des enfants, qui parfois siège en correctionnelle. Nous sommes des petits juges ou des petits pois, comme on veut...

Le cafetier reprend la parole.

— Vous oubliez la télé-réalité, les feuilletons judiciaires, les faits divers ! Les médias ont créé un nouveau public friand de vécu. Quel est le sel de vos audiences ? De quoi est fait votre quotidien ?

— De quel quotidien parlez-vous ? s'agace Victor qui de nous quatre est celui qui s'impatiente le plus vite. Nous sommes juge du siège ou du parquet, juge d'instruction, juge des enfants, juge des affaires familiales, juge des tutelles, juge de l'expropriation, juge des affaires de sécurité sociale, juge du surendettement, juge de l'application des peines, juge des libertés et de la détention, juge des baux ruraux... Et j'en passe. Tout ça en même temps ou à tour de rôle. Si on ne nous apprécie guère, on nous met pourtant à toutes les sauces. Ce n'est pas un quotidien qui fait la vie d'un juge, mais des quotidiens.

— Eh bien, lance le cafetier qui s'est levé un instant pour déposer sur la table une quiche épaisse et fumante accompagnée de cochonnaille et de salade, commençons par le banal, voulez-vous.

— Le banal, ça n'existe pas ! réplique aussitôt Victor. Un tribunal est un lieu où des vies ordinaires sont confrontées à des situations exceptionnelles. Aujourd'hui par exemple, nous étions en comparution immédiate et...

— Comparution immédiate ? De quoi parlez-vous ?

— C'est une forme rapide de présentation où les prévenus sont jugés dès la fin de leur garde à vue. Cet après-midi donc...

Peinture vengeresse

Victor qui préside l'audience a eu un quart d'heure pour lire la procédure. L'affaire est simple, les faits reconnus. Cela ne devrait pas durer trop longtemps. Sauf qu'un des assesseurs est parti téléphoner. On l'attend. L'avocat de permanence, quant à lui, est à disposition. Il connaît son dossier, il a déjà rencontré ses clients au commissariat. Soudain, la greffière apparaît, tout le monde est enfin prêt. Le collègue a rangé son portable, le substitut est dans la salle. Le tribunal entre en ordre de marche, président en tête. Le public se lève, les juges s'installent.

— Vous pouvez vous asseoir, l'audience est ouverte.

Dans le box, ils sont cinq. Tous pères de famille, un boulot honnête ; l'un d'entre eux est leur patron, chef de chantier d'une petite entreprise sans histoire. Tous travaillent dur, le matin tôt jusqu'au soir tard, pour un salaire, mon Dieu, pas de misère, pas de quoi pavoiser non plus. Trois d'entre eux ont des enfants, tous une voiture et une maison en construction.

Ils se tiennent debout dans le box. L'escorte vient de leur retirer les menottes.

La salle est presque vide.

La victime n'est pas là. Impossible de la sortir de l'hôpital. De toute façon, elle ne veut pas comparaître. La peur, la trouille. Dans le quartier, ils se connaissent tous. Alors, pour continuer à vivre, mieux vaut ne pas trop se plaindre. Des fois que ça recommencerait...

Quoi ? Qu'est-ce qui ne doit pas recommencer ?

Une histoire simple. Un camion devant l'entreprise a été

déplacé. De quelques mètres. À l'aube. L'un des cinq prévenus a dit aux autres que c'était le mec d'en face qui l'avait pris.

— Vous en êtes sûr ? questionne le président qui feuillette la procédure posée devant lui.

— Ça ne peut être que lui.

— Il faisait sombre. L'avez-vous vraiment reconnu ?

— Ce n'était pas la première fois.

— Vous le connaissiez ?

— Ouais, avant il nous donnait des coups de main.

— Et maintenant ?

— Il vole des camions.

— Vous voulez dire qu'il les déplace ?

— C'est vous qui voyez.

— Que s'est-il passé ?

— On est allé le chercher.

— Qui « on » ? Vous cinq ?

— Oui. On lui a dit de nous accompagner dans l'entrepôt.

— Il vous a obéi ?

— Il n'avait pas le choix.

— Vous lui avez demandé des explications pour le véhicule ?

— Inutile. Nous autres, on travaille. Pas le temps à perdre en discussions.

— Alors, dans le hangar ?

— On a fermé les portes. On était tous les cinq et lui.

— Et ?

— On l'a pendu à la poutre. On l'a pendu à la poutre par les pieds.

— Et ?

— On l'a pendu à la poutre par les pieds et on a rassemblé quelques bûches de petit-bois.

— Et ?

— On l'a pendu à la poutre par les pieds, on a rassemblé quelques bûches de petit-bois que l'on a placées sous la tête. Après on a allumé.

— Avec un briquet ?

— Non avec des allumettes. J'en ai toujours dans ma poche.

— Pourquoi l'avoir badigeonné de peinture ?

— J'sais pas.

— Qui en a eu l'idée ?

— Nous tous. C'est quand on a vu le pot qu'on s'est dit que ce serait une bonne leçon.

— Saviez-vous que c'était une peinture spéciale et que la peau ne pouvait pas respirer ?

— Pour la peau, on n'était pas au courant. C'est du vernis qu'on utilise pour l'étanchéité des murs extérieurs. Forcément, c'est imperméable.

— Et ?

— On l'a pendu à la poutre par les pieds, on a rassemblé quelques bûches de petit-bois, on a allumé, on lui a enduit le visage de vernis et on est parti.

— En le laissant là ? Si le feu ne s'était pas éteint tout seul, vous seriez devant une cour d'assises. Que pensez-vous de votre attitude ?

Le président voudrait un soupçon d'excuses. Un peu de remords serait-il trop demander ?

— C'est que...

— C'est que quoi ?

— C'est qu'il n'avait pas à déplacer notre camion !

Comme d'habitude

Cette fois-ci, l'audience est présidée par une femme. Elle est menue. Son siège est trop vaste et trop bas. Pour compenser sa petite taille, elle force sa voix. Le micro ne fonctionne pas. Enfin, il marche, mais émet une sorte de grésillement insupportable.

En quelques mots, elle résume la procédure.

Par un appel anonyme, les services de police ont été avisés qu'une femme venait de se disputer avec son concubin.

Comme d'habitude, il est rentré après avoir consommé de l'alcool. Il s'est aussitôt énervé contre elle. Il voulait la tuer, la couper en rondelles. Elle s'est réfugiée dans la chambre, mais comme il tambourinait sur la porte, elle a ouvert. Là, il lui a attrapé les cheveux, lui a donné des coups de poing au visage, serré le cou. Il a continué à la frapper au ventre. À un moment, elle a cru qu'elle allait avaler sa langue. Le nez en sang, elle a tenté de reprendre sa respiration. Il lui a alors tordu la main, pour qu'elle lâche le téléphone portable. Ensuite, il l'a poursuivie dans le salon et lui a flanqué trois coups de pied dans les mollets en lui disant d'arrêter de geindre, sinon il la balancerait dans la vitre de la fenêtre du séjour.

Le certificat médical décrit des hématomes sur les jambes, des traces de strangulation au niveau du cou, des ecchymoses sur une pommette, une foulure du poignet, des griffures à l'intérieur des cuisses, des contusions sur le ventre à la hauteur du nombril.

Chaque fois, c'est la même chose. Il l'accuse d'avoir un amant : « Qu'est-ce que tu fabriques quand je ne suis pas là, tu te fais mettre ! » Il est persuadé qu'elle couche de droite et de gauche ! « Tu vas enfin me dire la vérité, hurle-t-il tous les soirs. Qui t'a niquée ? »

Le plus souvent, il la traite de salope, de grosse pute, lui dit qu'elle est moche. Il ajoute : « Quand tu te fais tringler, tu pleures autant ? » En l'interrogeant ainsi, il lui pince la cuisse en dessous du sexe. C'est pour ça qu'elle a toujours des bleus. Des bleus qui deviennent jaunes avec le temps.

— Pourquoi ne pas avoir déposé plainte plus tôt ?

— Je n'ose pas, répond la femme. Dès qu'il est là, il contrôle tout. C'est lui qui a les papiers, les miens et ceux des enfants. Quand il part à son boulot, il me laisse de l'argent sur la table. Il est très jaloux.

— Jamais personne ne s'est étonné des traces de coups sur votre peau ?

— Je disais que j'avais glissé dans l'escalier ou sur une plaque de verglas.

— Et cette histoire de téléphone ?

— La base de l'appareil a été cassée... sur mon front. Un moment de colère. Il ne voulait pas que je sorte acheter des médicaments. Ce jour-là, il a déchiré l'ordonnance du docteur.

— Le couteau ?

— Il l'a pris pour me faire peur. J'ai cru qu'il allait me tuer.

— Avez-vous essayé de vous séparer ?

— Nous sommes allés en médiation, murmure-t-elle. Ça n'a rien arrangé. Nous, on ne sait pas parler. C'est comme bloqué à l'intérieur. Et puis, je suis enceinte de quatre mois.

— Et vous monsieur ? reprend la présidente. Qu'avez-vous à nous dire ?

— C'est elle qui me cherche. Elle pousse trop loin. Ce soir-là, elle n'arrêtait pas de pleurer, alors j'ai voulu la faire taire. Elle exagère toujours tout. Comme elle continuait à m'insulter, j'ai serré son cou. Pour les blessures au ventre, ce n'est pas moi. Elle s'est cognée contre la table. Je l'ai peut-être traitée de putain je ne m'en souviens plus.

— Cette histoire de balcon, vous pouvez nous en dire plus ? interroge de nouveau la présidente.

— C'est quand elle est sortie de la chambre. Elle m'a crié

qu'elle partait se réfugier chez la voisine. Je l'ai attrapée par le T-shirt et je l'ai jetée sur le canapé.

— Et après ? Vous avez déchiré son pantalon et sa culotte ?

— Ouais.

— C'est à cet instant que vous avez hurlé « Je vais te baiser que tu le veuilles ou non » ?

— J'voulais pas la violer, j'vous le jure. Elle en fait tout un plat. Je me suis arrêté à temps.

— C'est vrai, interrompt la femme. Je l'ai supplié : « Pas devant les enfants. » Ça l'a calmé. Il s'est assis et il a mis sa tête entre ses mains. Il semblait abattu.

— Oui, je voulais discuter. Elle a refusé. Elle m'a déclaré que cette fois-ci, j'étais allé trop loin. Il y avait du sang sur la moquette. Elle m'a dit qu'elle avait mal, qu'il fallait se rendre à l'hôpital. J'étais OK. J'étais en train de chercher mes clefs de voiture quand je l'ai vue se précipiter pour attraper mon portable qui était par terre. J'ai été plus rapide et j'ai shooté dans l'appareil. Elle a alors buté sur le rebord de la commode et a chuté au sol. C'est là que mon pied a glissé à la hauteur de sa tempe. Elle s'est relevée en se tenant le ventre avant de détaler comme un lapin sur le balcon. J'ai fermé la fenêtre et elle s'est retrouvée coincée dehors. Je l'ai aperçue en train d'appeler à l'aide. Elle était toute nue, les seins et les fesses à l'air. Devant tout le monde ! Tous les voisins l'ont remarquée, vous voyez bien que c'est une garce !

Tu n'es qu'une pute !

— Salope, tu n'es qu'une pute, avez-vous dit ? demande le président du tribunal à l'homme derrière la barre.

— Faux ! Je n'ai pas insulté ma femme. J'ai crié : menteuse, tarée, salope. La gifle était une gifle ordinaire. ORDINAIRE ! C'est là qu'elle a glissé sur le rebord du lavabo et qu'elle m'a envoyé un coup dans les particules !

— Mon client veut bien sûr parler des testicules, rectifie aussitôt l'avocat qui s'est levé. Reconnaissons, ajoute-t-il en riant, que l'homéotéleute donne toute sa noblesse à la scène.

Comme à la télé

Juger est un métier, pas une affaire de sentiments. D'un ton grave, le magistrat lit la déposition d'une des victimes. Il ne veut rien exprimer de lui-même. Les émotions ne sont pas de mise. Sa carapace est solide.

« Ils sont entrés par le portail de derrière. Je n'ai rien entendu je regardais les informations à la télé. On annonçait des morts en Irak. J'étais seule dans le salon, mon mari était sorti acheter des cigarettes. Notre fille âgée de quatre ans dormait dans sa chambre. À un moment, j'ai réagi à cause d'un bruit. Je me suis dit que c'était mon époux.

« — Tu as fait vite ! j'ai lancé avant de tourner la tête.

« Ils étaient là, sur le seuil. Deux silhouettes cagoulées avec un bas pour cacher leur visage. Le premier tenait une sorte de bâton. J'ai reconnu la batte de base-ball qui est entreposée dans le garage. C'est un souvenir de nos dernières vacances quand nous sommes allés aux États-Unis. L'autre portait un extincteur. Ils étaient tous deux vêtus de noir. Celui qui avait l'extincteur en a versé le contenu sur moi, j'ai aussitôt été aveuglée, tandis que dans mon dos, je recevais un coup violent. J'ai dû m'évanouir un moment, car j'ai l'impression de ne rien avoir entendu. Quand j'ai repris mes esprits, j'ai surpris le bruit du claquement de la porte. J'ai immédiatement pensé à mon mari que j'ai voulu avertir. Le plus grand des agresseurs m'a alors envoyé un coup de pied dans la tempe.

« Mon époux a lancé soudain :

« — Pourquoi laisses-tu la porte du salon ouverte ? Tu sais que...

« Je n'ai pas entendu la suite. Je pense qu'il voulait dire que lorsque la porte reste entrebâillée, la chaleur part dans l'escalier. Nous essayons de faire des économies de chauffage. Mon mari est fonctionnaire, il travaille pour l'université et moi je suis employée à mi-temps à la bibliothèque. Je m'occupe de ma fille qui a des problèmes de santé. Elle est asthmatique ce qui réclame beaucoup de soin et de présence.

« Quand ils ont vu mon mari, ils l'ont bousculé, jeté à terre et roué de coups. À un moment il a voulu s'échapper, mais le plus grand l'a rattrapé dans l'escalier au niveau des premières marches. L'individu qui avait des bottes a posé son pied sur la tête et a appuyé. Il y a sur la joue de mon époux la trace de la semelle. C'est alors que mon mari a eu son malaise. L'homme est retourné au salon. Il m'a demandé où je rangeais mon sac et ma carte bleue. J'ai voulu finasser et bêtement j'ai répondu :

« — Dans la cuisine au-dessus de l'évier.

Je pensais gagner du temps. Le plus jeune – je dis le plus jeune, car il avait une voix moins grave et il était plus petit de taille – est revenu en criant.

« — Y a rien !

« Il semblait très excité, un peu fou, ingérable. Comme il était dangereux de résister, j'ai murmuré "Il est là" et j'ai fait un signe pour montrer mon sac derrière la commode. C'est alors que l'excité s'est approché. J'avais une écharpe de laine. C'est plutôt un châle que je mets sur mes épaules quand je suis assise sur le canapé. Il l'a utilisé comme une ceinture autour de mon cou tandis que le plus grand me giflait. Ils voulaient le code de la carte bleue, et je leur ai donné. Le bon, tout de suite.

« Le plus jeune est alors sorti tandis que le plus grand restait à côté de moi. De loin je voyais mon mari allongé dans l'escalier, il ne bougeait toujours pas. Je me suis affolée, et j'ai crié :

« — Vous l'avez tué ! Pourquoi ? On ne vous a rien fait.

« L'homme qui tenait la batte de base-ball a haussé les épaules. J'ai senti qu'il était inquiet par la tournure des événements. Comme je suis une femme de caractère et que je m'occupe de la bibliothèque de l'université, j'ai l'habitude de parler à des jeunes gens. Je me suis mise à débiter des choses sur l'amour, j'ai essayé d'expliquer que notre couple s'était souvent préoccupé de l'avenir des ados. Je voulais le raisonner. À un moment je me suis même demandé si l'un des deux n'était pas un élève de mon mari. Il enseigne la biologie, mais le soir, il donne aussi des conférences au centre culturel du quartier. Bien sûr, je ne pourrais pas les reconnaître. Mais quelque chose dans leurs gestes ou leur attitude m'a fait croire que je les avais déjà rencontrés.

« C'est à cet instant que j'ai perçu des bruits de pas au-dessus de ma tête. J'ai aussitôt pensé à ma fille. Depuis peu elle dort dans un lit sans barrière de sécurité et j'ai peur qu'elle ne tombe.

« L'homme lui aussi a entendu le bruit. Il m'a regardée et j'ai vu le moment où il allait monter. Là, je vous promets que j'ai prié. J'ai prié comme jamais je n'avais prié. Et mon mari qui restait immobile ! Dans un dernier élan, j'ai encore parlé d'amour et de pardon. Je savais que ça ne servait à rien, mais je ne pouvais pas m'en empêcher. Je répétais, "on se calme", "on se calme". Au-dessus de nous, le bruit a cessé, puis une sorte de grincements a repris. J'ai reconnu la serrure de la porte du garage. Des pas ont résonné et le plus jeune qui était parti avec ma carte est entré. Il a expliqué qu'il était allé au distributeur et que c'était OK.

« — C'est bon, on se casse, a répliqué l'autre en me plantant la batte de base-ball dans le ventre. En repassant devant le corps de mon époux, je l'ai vu donner un dernier coup de botte. Dès que j'ai entendu claquer la portière d'une voiture, je me suis levée et j'ai appelé la police. Nous avons été hospitalisés. Le certificat médical établit une ITT[1] de quarante jours pour moi et de plus de trois mois pour mon mari qui a eu un traumatisme crânien. »

Le président a fini sa lecture.

— Tout ça pour quoi ? demande-t-il aux deux prévenus qui,

1. ITT : incapacité totale de travail.

sans cagoule, sans bâton et devant la barre du tribunal, n'en mènent pas large. L'un d'eux a encore de l'acné juvénile sur les joues. Le plus grand baisse la tête. Pour un peu, il se balancerait d'une jambe sur l'autre. Comme un gamin.

— Alors ? Combien ça vous a rapporté votre escapade ?

Toujours le même silence.

— Si j'en crois le relevé bancaire, reprend le magistrat. Soixante-dix euros. Qu'avez-vous à nous expliquer pour soixante-dix euros que l'on puisse comprendre ?

Urgence

Le magistrat :

— Le tribunal se retire pour délibérer sur votre refus de vous arrêter à un feu rouge et votre délit de fuite.

Le prévenu :

— Vous en avez pour longtemps ?

Le magistrat interloqué :

— Pourquoi une telle question ?

Le prévenu :

— C'est que je suis mal garé. Je n'ai pas envie d'avoir un P-V. Dehors, les flics ça ne rigole pas.

Hésitations

— On vous reproche trois cambriolages dans la nuit. Dans les trois cas, le mode opératoire est le même. Des trous faits avec une chignole dans les portes-fenêtres en bois. Chaque fois, de l'argent, des vêtements, et des portables ont été emportés. Reconnaissez-vous les faits ?

— Non.

— Pourtant, on vous a identifié par le mobile d'une des victimes avec lequel vous avez passé plusieurs coups de téléphone.

— Ce n'est pas moi. J'ai acheté ce truc dans la rue.

— À qui ?

— Un mec. La trentaine. Ni grand ni petit. Ni blond ni brun. Ni gros ni maigre.

— Vous connaissez son nom ?

— J'suis pas sûr à cent pour cent.

— Ensuite, on vous a contrôlé à proximité des maisons cambriolées. Comment expliquez-vous cela ?

— J'allais voir un copain.

— Qui ?

— J'sais pas bien.

— Où habite ce copain ?

— Dans le coin. J'suis pas sûr à cent pour cent.

— Quand plus tard vous avez été interpellé, on a trouvé dans le coffre de votre voiture un foret et du fil de fer. Qu'avez-vous à dire ?

— La vrille n'est pas à moi. C'était déjà dans la bagnole quand je l'ai achetée.

— Vous en êtes propriétaire depuis combien de temps ?

— Un an peut-être. J'suis pas sûr à cent pour cent.

— Et pour le fil de fer ?

— Je ne comprends pas. Il est venu comme ça.

— Comme ça ?

— Sans doute que quelqu'un me l'a mis dans ma caisse, rien que pour m'embêter.

— Qui ?

— Un mec...

— Dans la maison dans laquelle il y a eu un des cambriolages, on a relevé une trace de votre ADN. Votre présence sur les lieux est donc avérée comment l'expliquez-vous ?

— J'explique rien. Peut-être que je l'ai fait, peut-être que je ne l'ai pas fait. Je ne me rappelle pas.

— On a aussi trouvé vos empreintes sur un verre.

— J'y suis allé, peut-être que oui, peut-être que non. Je ne dis pas que je n'y suis pas allé, mais comme j'étais malade, je ne me souviens pas vraiment...

— En clair, reconnaissez-vous être l'auteur de ces vols ?

— Je ne nie pas les faits qui me sont reprochés, je ne les reconnais pas non plus. C'est comme vous voulez. Enfin, j'suis pas sûr à cent pour cent...

— Juger est un métier, pas une affaire de sentiments... C'est bien dit, mais ça ne vous rend pas très humain, interrompt le bistrotier.

Dehors, les notes de musique se sont éteintes. Une pluie épaisse cingle les fenêtres. Je me pelotonne dans mon fauteuil en hésitant à sortir mon paquet de cigarettes. Finalement, en pensant à l'interdiction de fumer, je m'abstiens et j'écoute.

— Un juge raisonne selon le syllogisme judiciaire : la loi, les faits, l'application de la loi aux faits, gronde Thomas.

— Vous croyez que le public comprend cette logique ? Derrière chaque cas rapporté par la presse, il imagine des souffrances, des jalousies, de la haine. Ce qu'il veut c'est du sensationnel.

— Un tribunal n'est pas une télévision. « Le triomphe des démagogies est passager, mais les ruines sont éternelles », dit Charles Péguy. Aux chirurgiens qui vous ouvrent le ventre, vous préférez celui qui tient fermement son scalpel ou celui qui essuie vos larmes ? questionne Victor en étendant ses longues jambes devant lui.

— Ce n'est pas la même chose, réplique Justine. Dans les tribunaux, on traite de la pâte humaine...

— Au sujet de la pâte, votre quiche est délicieuse.

C'est moi qui viens de faire ce mauvais jeu de mots. Non seulement je parle souvent pour ne rien dire, mais je suis aussi la plus gourmande. Notre hôte ne s'y trompe pas, il me ressert une part.

— C'est la dernière, confie-t-il comme s'il voulait s'excuser. Après j'irai voir en cuisine ce qu'il me reste en fromage.

— N'essaieriez-vous pas de nous faire avouer nos turpitudes, rétorque Victor, toujours sur la défensive.

— Pas de vous faire avouer mais de vous comprendre. Par exemple, ces chasubles noires qui vous métamorphosent en corbeaux ou en curés. N'est-ce pas un symbole d'un autre temps ? Une façon encore de vous éloigner du public ?

— La robe illustre la recherche de l'anonymat. Nous sommes interchangeables, asexués. Notre appartenance à l'institution prime sur l'équation personnelle. Ainsi les juges sont neutres, leurs décisions standardisées.

Le cafetier ne se laisse pas convaincre.

— Ce noir évoque une justice désuète, désincarnée, aveugle, automatique.

— C'est aussi une protection, déclaré-je. Quand on s'enrobe, on est un autre. À l'audience, les rôles sont distribués. Plus les symboles de l'autorité sont clairs, moins on a besoin d'asseoir son pouvoir.

— C'est pour ça que dans mon cabinet du juge des enfants je reste habillée normalement, fait Justine d'une voix douce. Si la relation hiérarchique est trop pesante, les personnes sont intimidées et elles ne parlent pas.

— Ces robes sont nos bleus de travail. Des tabliers uniformes. Noires pour les avocats, noires pour les greffiers, noires pour les huissiers.

— Et les rouges ? demande notre interlocuteur.

— Ah ça, c'est pour les séances solennelles lorsqu'on est conseiller dans une cour d'appel ou à la Cour de cassation, explique Thomas.

— Conseiller qui ne conseille pas, mais qui juge comme les robes noires, poursuis-je en riant.

— Pour les audiences de rentrée, la robe est noire avec, en province, une ceinture bleu layette qui entoure la taille, continue Justine sur le même ton. Il faut nous voir nous habiller ! Ces jours-là souffle un vent de panique dans les vestiaires. La mise en place de la ceinture relève d'une gymnastique compliquée. Il y a ceux qui ont trop grossi ou trop maigri... Les négligents qui ont perdu leurs gants blancs, les étourdis qui ont oublié leur toque.

— Parler de la bedaine des juges ne rehaussera pas notre prestige, soupire Thomas qui, à la quiche, préfère les tranches de pain aillées présentées avec des copeaux de Pata Negra et du lard de Colonetta affiné au romarin et à la sauge.

— Laissez-vous tenter par cette andouille de Vire fumée à la façon de nos ancêtres, suggère notre hôte qui a débouché une nouvelle bouteille.

Que cherche-t-on ? À nous épater ou à nous délier la langue ? Il remplit nos verres. Justine pendant un instant chipote. Elle ne sait pas si c'est très raisonnable... Elle en veut bien un peu, juste un doigt, pour goûter...

— Bois et tais-toi, intime Victor qui lui lance son œil noir et désabusé. Il se rappelle alors une ou deux affaires lourdes qui l'ont particulièrement marqué lorsqu'il était juge d'instruction.

Un mobile très personnel

Un soir, alors que Victor finit sa permanence après une semaine chargée, le parquet lui annonce une procédure criminelle. L'avocat a été avisé. Il sera là pour l'interrogatoire de première comparution. Victor regarde sa montre. 18 heures. Mieux vaut prévenir sa femme et ses enfants qu'ils devront dîner sans lui.

Il s'agit d'un meurtre avec préméditation. Le gars n'a pas dit grand-chose. En garde à vue, il a reconnu les faits, sans plus. Il est peu probable qu'il accepte de s'expliquer tout de suite.

La procédure arrive. Elle est bien faite. Le procès-verbal de synthèse est clair et concis : avant-hier soir, un homme se réveille au milieu de la nuit alors que son épouse dort à côté de lui. Il se rend au garage, se saisit d'un bidon d'essence, remonte dans la chambre, verse le liquide sur le corps allongé et met le feu qui se propage rapidement. Remarquant les flammes, un voisin appelle les pompiers. Sur les lieux, on récupère le mari prostré tandis que la femme meurt pendant son transport à l'hôpital, sans avoir repris connaissance.

Dès les premières investigations, l'origine criminelle de l'incendie s'impose à tous. Quant à l'homme, il est resté silencieux depuis son interpellation.

Les éléments de voisinage révèlent qu'il s'agit d'un couple un peu marginal, mais sans histoire. Tous deux sont au chômage et passent une grande partie de leur journée à boire. Lui donne parfois un coup de main en proposant de tondre des pelouses, tandis qu'elle fait des ménages. De l'avis de tous, ils s'entendent comme dans un vieux mariage. Pour l'entourage, il n'y a rien à dire. Pas mieux, pas pire que tout le monde.

Dix-neuf heures. Tout le monde est prêt. L'interrogatoire de première comparution peut commencer. Le cabinet du juge est minuscule. Au fond, une table derrière laquelle est assis le greffier ; devant le bureau du magistrat envahi de paperasse, deux chaises dont l'une est bancale ; au sol, des dossiers volumineux.

L'escorte est composée de trois policiers à qui le juge d'instruction fait signe de se tenir près de la fenêtre et devant la porte. Ici, pas de vitres renforcées, pas d'alarme. Erreur, il existe bien une sonnerie qui retentit au greffe pénal situé à l'étage supérieur. Comme à cette heure il n'y a plus personne, en cas de danger le signal résonnera dans le vide.

L'homme menotté est petit, il a la sale gueule des quarante-huit heures de garde à vue. Ses yeux sont cernés et sa veste recouvre un chandail déchiré. Son pantalon sans ceinture est trop grand. Il le tient d'une main tandis que de l'autre il tente de fermer son vêtement.

L'avocat est assis à sa droite. Le greffier accroche la pancarte « Ne pas déranger, instruction en cours » sur la poignée de la porte.

L'interrogatoire peut commencer.

D'abord la vérification de l'identité puis le juge explique la procédure en quelques mots. Le ministère public l'a saisi par un réquisitoire introductif pour des faits qualifiés d'assassinat. L'homme va être mis en examen de ce chef. Il peut faire des déclarations maintenant ou garder le silence. Après, l'enquête suivra son cours avec des commissions rogatoires et diverses expertises. Plus tard, il sera interrogé sur le fond de l'affaire.

— Mon client aimerait s'expliquer, interrompt l'avocat.

— Je croyais que c'était un taiseux, s'étonne le juge. Jusqu'ici, il n'a rien dit.

— Il a changé d'avis, n'est-ce pas monsieur ?

L'homme lève enfin la tête et murmure :

— Oui, je veux parler.

Sans que personne lui pose de questions, il déballe.

Sa femme, il l'aimait bien. Depuis toujours, elle a été là. D'abord, une petite fille avec des tresses, puis une plantureuse demoiselle aux joues peintes et aux yeux noirs. Quand il a eu l'âge de se marier, il lui est apparu naturel de l'épouser. Au début, comme ça, sans chichi. Une mise à la colle sans témoin ni trompette. Plus tard, la mairie, les voisins et les confettis. L'occasion de faire la fête avec des copains.

Pas plus elle que lui n'aimait vraiment travailler. Alors, ils ont pris l'habitude de vivre de rien dans la vieille maison qu'il tenait de son père. Une baraque sans chauffage, avec des trous dans le toit et des puces dans le lit.

Pour s'occuper, il y avait le rouge au bar du coin, le Loto du PMU et le foot à la télé. Sans parler des apéros. Celui de 11 heures pour discuter de la veille et celui du soir pour causer du matin. Avec en prime le pousse-café pour battre les cartes et le coup de minuit pour accompagner les rêves.

Avec l'âge, la femme s'est mise à ressembler à une montgolfière. Avec un cul de mammouth et des seins d'une hippopotame allaitante.

Non vraiment, il l'aimait bien sa petite boule ronde d'épouse.

Parfois, il y avait les mots qui frappent : « ... travail, ivrogne, bon à rien... ». Mais cela n'avait qu'un temps, le temps de noyer les reproches dans le fond d'un verre.

De toute façon, sa femme était comme lui, pas causante. Des « Hum, hum... ». C'est suffisant quand on n'a rien à se dire.

Il l'aimait bien, sa gentille boulotte.

Faut avouer que personne ne faisait l'andouillette et le hachis comme elle. Surtout depuis qu'elle voyait double.

Rien à lui reprocher.

Question allocations, pas de problème non plus. RMI et APL, elle jonglait avec tout ça. Lui payait le bistrot, et elle, l'andouillette. Et pour le chauffage, on avait la couette et le vin rouge.

Non, il l'aimait bien.

— Alors, pourquoi l'avoir tuée ?

Jusqu'ici, les propos du mis en examen se sont faits d'une traite. Seules les interruptions du juge pour retranscrire les déclarations à la greffière ont rompu le débit continu de l'homme. À sa voix rauque et calme, on le sent soulagé de s'exprimer. Parfois son avocat lui fait un geste l'invitant à s'arrêter s'il le veut. Ne pas en dire trop s'il n'en a pas envie. Les professionnels savent combien ces premiers aveux sont redoutables plus tard pour la suite des événements. Combien de regrets pèsent lourd devant la cour d'assises quand on rappelle les confidences des premiers jours.

Ici, les faits sont ce qu'ils sont, et l'homme continue à raconter.

C'était samedi dernier. Il est rentré après le coup de la partante au bistrot. Il a mangé comme d'habitude. Pas de l'andouillette, mais du hachis. « Rapport à la diversité alimentaire », a dit l'épouse. Pour ce hachis du samedi, rien à dire. Compact et pondéreux, comme d'habitude. Après, elle a murmuré :

— Hum... Hum...

Ce qui signifiait :

— Je vais me coucher.

Lui, il s'est retrouvé seul dans la cuisine. Il entendait distinctement les mouches dormir sur les assiettes sales. Soudain, dans le silence, il s'est senti agressé. C'étaient comme si quelqu'un était venu jouer de la harpe avec ses nerfs. Son sang n'a fait qu'un tour, sa vue s'est brouillée et la colère est montée comme du magma en fusion. Il aurait voulu hurler. Sa raison s'est alors pétrifiée, encapsulée, paralysée.

— Plus jamais ! a-t-il crié aux murs couverts de salpêtre.

Il est descendu à la cave. L'essence était entreposée sur l'étagère depuis le jour où on avait envisagé de décrasser le garage. Rien évidemment n'avait été fait. Le bidon était encore plein.

Armé de la bouteille qu'il tenait au bout de son bras vengeur, il est monté dans la chambre. L'épouse y ronflait et le lit tremblait. D'abord les draps, puis les cheveux puis le visage. Tout a été imbibé de pétrole.

De la suite, il ne se souvient plus. Les cris, la fumée, les pompiers, la police, l'arrestation, la garde à vue. Rien de rien, la mémoire en forme de coquille vide.

Sauf qu'il l'aimait bien sa femme.

— Mais pourquoi ? Le feu, l'essence, ne peut s'empêcher de demander le juge d'instruction, pourquoi de telles souffrances ?

— J'vais vous le dire, soupire l'homme. Ça fait vingt ans que je suis marié. Ça fait vingt ans qu'après le hachis ou l'andouillette elle monte se coucher avant moi. Ça fait vingt ans qu'avant d'aller la rejoindre, j'me prépare une carafe de vin. Ça fait vingt ans que j'pose le verre sur la table pour la soif de minuit. Ça fait vingt ans qu'elle se réveille avant moi. Et ça fait vingt ans qu'elle me siffle mon godet... Alors, voyez-vous, ce soir-là, j'en ai eu assez !

Obligation alimentaire

« L'obligation alimentaire, qui peut prendre la forme d'un versement d'une pension, est le devoir légal de fournir à un membre de sa famille dans le besoin l'aide matérielle indispensable pour vivre. »

Mais, bien sûr, la loi ne tient pas compte de la capacité de certains estomacs.

— Pourquoi avez-vous tué votre femme ? demande le substitut du procureur.

— C'est qu'elle m'avait servi des nouilles froides...

— Pardon ! Vous allez passer le reste de votre vie en prison pour une histoire de plat !

— C'est que c'était la troisième fois !

Et les femmes, me direz-vous ?

La salle des assises est silencieuse. L'avocat général se lève et d'une voix forte commence les premières phrases de son réquisitoire.

« Mesdames, messieurs les jurés, madame, messieurs de la cour, les histoires de femmes sont-elles toujours des histoires d'amour ? Dans l'affaire que vous avez à juger la réalité dépasse la fiction, car "la fiction doit contenir la vraisemblance", dit Mark Twain. Nous voici transportés dans un mauvais film, ou dans un roman de gare que personne ne lirait. Trop d'exagération tue la vérité, nous assure-t-on.

L'épouse n'aime pas son mari, elle l'a rapporté d'un voyage, imposé à sa famille. Au début, tous l'ont accepté. Son étrangeté était originale, un dépaysement sur place, à domicile. D'abord cette curieuse façon de s'habiller, puis l'odeur de sa cuisine en épices et en café. Puis la femme s'est lassée de l'exotisme pour préférer le terroir. On est revenu au steak-frites, à la blanquette de veau et à la salade aux lardons.

Le mari s'est alourdi, vautré sur le canapé, bière sur les genoux, l'œil rivé sur les matchs de foot. "Lymphatique", a précisé le médecin ; "paresseux", a déclaré sa conjointe ; "bon à rien", a affirmé la belle-mère, "intéressé", a dit l'oncle.

Parfois, il filait une trempe à sa douce moitié, histoire de s'occuper et de ne pas perdre la main. Pendant qu'il cognait, il lui reprochait de l'avoir asservi, soumis, assujetti, domestiqué, réduit à cet état de sous-homme, d'époux rapporté.

Bref, un inutile. Pesant, très pesant.

Pour de sombres histoires de contrat de mariage, toute séparation aurait coûté cher, trop cher. Et puis, une rupture, c'est l'aveu d'un échec, des rumeurs à n'en plus finir.

Comment faire ?

L'inutile rentrait chez lui, là-bas, au-delà des îles, tous les ans. Quelques semaines avec les siens. Seul avec ses bagages. La première fois, l'épouse l'a accompagné à l'aéroport et a attendu son retour au pied de l'avion. L'année suivante, elle a stationné la voiture dans le parking de Roissy. Finalement, l'habitude a été prise pour qu'il se débrouille : le train, le car, le métro, le RER. Juste un signe d'adieu la veille du départ avec le vague espoir, partagé par toute la famille, de ne jamais le revoir.

— Votre mari n'est pas de retour ? interrogeait-on dans le voisinage.

— C'est un oiseau, vous savez, il reviendra quand il reviendra. Il a téléphoné qu'il réintégrerait le domicile conjugal plus tard. Un problème chez lui, sa mère est malade...

— Comme c'est navrant. Vous ne croyez pas qu'il est plus heureux là-bas ?

— Parfois je me le demande...

Malgré quelques prières pour les causes perdues, il rappliquait, sa valise bourrée d'épices et de café. Le retour ne se faisait jamais à des dates précises. En avance, en retard, quand il voulait. Quels que fussent les vœux de sa femme, il réapparaissait. Plus bronzé, plus maigre, plus pauvre. Il reprenait sa place sur le canapé, sa bière dans le frigo et sa rengaine du mâle asservi, soumis, assujetti, domestiqué, réduit à cet état de sous-homme, de mari rapporté.

Qui dans la famille a émis l'idée en premier ?

L'enquête ne le précise pas. Chacun se renvoie la balle. L'épouse, la belle-mère ou l'oncle ?

Le projet au début était simple. Mort-au-rat et désherbant dans les épices.

L'oncle qui travaille comme vendeur dans une droguerie a pu s'en procurer aisément. La belle-mère a fourni la tasse tandis que l'épouse s'est contentée d'en mettre une pincée dans les plats.

Premier essai, premier échec.

Le mari est coriace. Vagues nausées, douleurs au ventre, crampes à l'estomac.

À la dose du lendemain, un vomissement. Pas plus.

Le jour suivant, une brûlure plus violente, un rejet de bile. Le médecin appelé en urgence interdit le café et les épices. Juste de l'eau, du riz et du thé. Dans son audition, le docteur déclarera ne rien avoir décelé d'anormal. Indisposition passagère, a-t-il précisé.

Comment atteindre la vitesse supérieure ?

La belle-mère prend des somnifères puissants. En les économisant un à un, cela devrait permettre un sommeil comateux. L'oncle, lui, a un fusil à pompe. Car l'oncle, tout droguiste qu'il est, ne se refuse pas de faire un carton sur des lapins ou des chats. Surtout ceux de la voisine.

On a, dans la procédure, quelques plaintes pour maltraitance à animaux.

L'épouse quant à elle se chargera du white-spirit et de la valise. Pour le lest, il suffira d'utiliser les parpaings stockés dans le garage.

On attendra l'été. Juste avant le départ annuel de l'époux pour son pays. Une période où personne ne s'étonnera de son absence.

Le grand jour arrive enfin. On met les narcotiques dans le café. L'examen toxicologique révélera plus tard la présence de traces de sédatif malgré l'état de décomposition du corps.

Maintenant, l'homme dort sur le canapé. Profondément. Vautré comme d'habitude, mais inerte. À l'oncle de jouer sa partie. À l'aide du fusil à pompe, il tire. Mais un corps immobile, ce n'est pas un matou. L'oncle n'a pas l'habitude. Il doit s'y reprendre à deux fois. Quand le front du mari a enfin été auréolé d'un trou sombre, il est décidé que c'est suffisant.

Il est temps de descendre le cadavre dans la cave. L'oncle et l'épouse s'en chargent tandis que la belle-mère répand la nouvelle dans le voisinage.

— Mon gendre est parti comme chaque année.

— Quand reviendra-t-il ?

— Ses parents sont très malades. Il restera auprès d'eux jusqu'au bout.

— Jusqu'au bout, c'est quand ?

— Dieu seul le sait ! répond la belle-mère qui accompagne sa phrase d'un vague geste de la main.

Pendant que la rumeur coule des jours heureux chez les voisins, une odeur âcre se dissipe dans l'air.

Une des riveraines, lorsqu'elle sera entendue par les services de police, précisera :

— Ça sentait comme du plastique brûlé.

Une autre ajoutera :

— On aurait dit des pneus calcinés.

Aucune ne s'en souciera vraiment. Pourquoi ?

À cause d'une histoire de pollution dans la vallée. Un litige larvé sur l'extension d'une usine de produits cosmétiques. Une des deux voisines fait partie du comité de soutien des « contre ». Devant le juge d'instruction, quand celui-ci tentera d'en savoir plus sur cette puanteur et qu'il s'étonnera de l'absence de réaction sur cette odeur pestilentielle, il n'obtiendra rien de plus qu'un plaidoyer contre l'entreprise.

Du sort de conjoint cramant dans le sous-sol, il n'apprendra rien.

Oui, car pendant que la belle-mère répand l'annonce d'un départ définitif du mari, l'épouse et l'oncle s'essayent au barbecue d'un nouveau genre.

Malgré le white-spirit, c'est dur de brûler un corps tout entier. Ce n'est pas combustible comme dans les séries américaines.

L'oncle transpire, il a enlevé sa veste, il a le poil qui se consume tandis que les morceaux de ce qui a un jour été un être humain sont placés un à un dans la chaudière. L'oncle a pensé à la hache et à la scie, l'épouse à la valise.

D'après les déclarations des accusés, l'opération a été longue. Une nuit entière. Quand, au petit matin, à l'aube où blanchit la campagne, le reste, le solde, le rebut qui n'a pas fini en cendre est enfin enfermé dans le bagage.

Tandis que la belle-mère astique la maison du grenier au sous-sol, l'oncle et l'épouse se frayent un chemin dans les marécages. Notre région n'est pas mesquine en étendues d'eau fangeuse. Dans un coin du terroir désolé, connu d'eux seuls, ils balancent la valise lestée par le parpaing.

L'oncle avouera, lorsqu'il sera entendu en garde à vue, qu'il a observé le sac plonger dans la vase. Il sait pour s'y être aventuré gamin que l'endroit est sauvage et dangereux. Ici les sables mouvants sont gloutons.

L'épouse dans sa première audition indiquera qu'elle n'a pas regardé. Trop fatiguée pour être soulagée.

Voilà un crime parfait qui aurait pu se terminer par un rond dans l'eau.

Et quoi ?

L'histoire est-elle finie ? Non, bien sûr.

L'oncle a repris son travail et l'épouse après quelques mois a vendu sa maison. Une gentille famille s'y est installée tandis qu'elle emménageait dans un appartement parisien.

Le médecin, celui-là même qui avait diagnostiqué l'indigestion passagère, dira que le départ de monsieur n'a étonné personne. Au contraire, cela lui semblait une décision positive. Ici, l'homme se laissait aller.

Les voisines non plus ne se sont pas inquiétées, soulagées simplement de la disparition des mauvaises odeurs de l'usine. L'épisode du caoutchouc brûlé s'est fondu dans les protestations actives du comité de soutien.

Reste la belle-mère. Le maillon faible du complot. Celle par qui le remords a commencé à ronger.

Eh oui, mesdames messieurs les jurés, madame, messieurs de la cour, c'est par une crise de conscience que l'affaire est arrivée aux oreilles de la police. Une alerte cardiaque, une hospitalisation en urgence de la belle-mère, la peur de la mort, de l'enfer... Et des confidences. Des confessions à la chaîne jusqu'au bureau d'un commissaire qui, curieux, s'est intéressé au destin du disparu.

Quatre années ont passé.

Quelques coups de fil au pays de là-bas dans les îles pour se convaincre que l'homme n'y était jamais retourné. Une garde à vue de la belle-mère à sa sortie de la clinique, suivie des arrestations de l'oncle et plus tard de celle de l'épouse. Un déballage complet...

Nos assassins d'un jour ne sont pas des menteurs. Une fois devant les enquêteurs, chacun a tout raconté. Sans omettre les détails circonstanciés et concordants. »

À cet instant, l'avocat général fait une pause. Il jette un coup d'œil à ses notes, regarde l'assistance et les jurés silencieux et, de la même voix forte, il reprend :

« Une seule interrogation : qui a eu l'idée en premier ? L'épouse précise que c'est sa mère, laquelle se défausse sur l'oncle. Qu'importe, les événements sont là. Réels et sordides. Non pas sortis d'un film de série B, mais de l'imagination haineuse de ces deux accusés.

Pourquoi deux ? La belle-mère est décédée en cours de procédure.

Encore un mot et j'en aurai fini de cette partie de mon réquisitoire sur le rappel des faits.

Le corps du mari a été retrouvé selon les indications de l'épouse et de l'oncle. Après avoir dragué les marécages, on a extrait la valise. Par un jeu de hasard, les déchets toxiques rejetés par l'usine ont accéléré la décomposition du cadavre qui n'était plus guère identifiable.

Sauf pour l'alliance, cette chevalière en or glissée au doigt du mort.

Ce gage d'amour et de fidélité. »

La gamberge du vagabond

Ça commence comme les autres histoires du même genre. La violence vengeresse du mari trompé ! La scène est la même, à quelques nuances près. Des gifles sur la poitrine, des griffures aux bras et des coups dans le dos. Jamais plus, jamais moins. Ça fait mal, mais ça ne se voit pas.

Le témoignage de la femme se murmure. Elle supporte l'époux ainsi. Jusqu'ici, elle n'avait fait qu'une seule main courante au commissariat et une allusion à l'assistante sociale. Puis est venue la plainte suivie de la procédure devant le tribunal.

— Pourquoi ? demande la présidente au prévenu. Aviez-vous bu ?

Non, jamais de vin, jamais d'apéro. Quand il percute sa compagne à l'aide de sa chaussure, c'est qu'il a des raisons de le faire. Pourquoi un époux travailleur et toujours sobre n'aurait-il pas le droit de corriger les membres de sa famille !

— Corriger de quoi ? redemande la juge devant une salle silencieuse.

L'homme hausse les épaules. Inutile de s'expliquer. La présidente est une femme, la greffière est une femme et le procureur est une femme. On est devant une juridiction à sexe unique. Qui ici pourrait comprendre l'angoisse du cocu, du cornard.

— Vous reconnaissez donc les faits ?

Le conjoint immobile fixe la barre.

— Monsieur, vous n'avez vraiment rien à déclarer ? insiste la présidente.

Puisqu'on veut des explications, il va en fournir. L'homme lève alors la tête. Son regard semble trouver refuge dans un point au-dessus des magistrats. Il prend sa respiration et se lance. Ses propos soudain envahissent le prétoire d'un univers érotique, comme le chant d'un poète blessé.

Tous les jours, il parcourt les routes au volant de son camion. Il quitte à l'aube d'une semaine le doux nid familial pour ne rentrer que le vendredi. Son quotidien, c'est un lit étroit et solitaire à l'arrière de son bahut. Ses soirées, ce sont ses idées noires et sombres de l'amour bafoué. Il imagine alors sa femme restée au domicile conjugal. Sa tendre moitié est vêtue d'un simple paréo qui laisse deviner sa peau de pêche. Lascive, elle s'étend sur des coussins en velours, rouge et or. Au sol, il y a un tapis persan aux couleurs chatoyantes. Au son de la musique, elle danse pour l'amant qui, le mari en est certain, est électricien ou plombier, bref un truc de ce genre. La pécheresse et son bien-aimé boivent du nectar fait de champagne et de miel. L'odeur de patchouli envahit l'atmosphère. La lumière est tamisée. Dans un angle de la pièce, il y a même une fontaine, de l'eau qui coule doucement et des pétales de rose qui parsèment la table. Et la femme se glisse entre dans les bras de l'électricien, ou du plombier, qu'importe. Elle hurle de plaisir, tandis que son partenaire lui chante une sérénade. Ils se renversent sur les draps froissés du lit. Ça dure des heures et des jours. Toutes les nuits...

Au matin, le camionneur est terrassé. Foudroyé par une douleur qui le mine, le dévore.

Alors le vendredi soir, enfin de retour après une semaine sur les routes, il frappe aveuglément, ardemment, le corps de cette épouse dissimulatrice, insincère et sournoise. Ces quelques coups lui redonnent sa dignité, sa place d'homme, son rôle de mari.

La femme, agrippée à la barre du tribunal, écoute médusée. Elle fait cent vingt kilos au bas mot. Six grossesses, un appartement grand comme un mouchoir de poche. Lits superposés, douche dans les toilettes, peinture au plomb sur les murs, table en formica. Le seul coussin qui meuble le salon est un oreiller sur lequel dort le chat. La musique est en réalité un bruit de fond d'une émission de télé-réalité qu'une de ses filles regarde sans discontinuer. Inutile de parler de tapis, celui de la salle de bains a dû être jeté en raison de la moisissure qui le recouvrait. Pour ce qui est du champagne, elle n'a que le souvenir vague d'une boisson collante offerte par la mairie lors d'une réunion sur l'emploi des nouveaux containers pour le ramassage des ordures ménagères. Et de l'électricien ou du plombier...

— Comme si j'avais le temps, soupire-t-elle.

— Monsieur vous avez une imagination un peu débordante, ne croyez-vous pas ? reprend la présidente un peu médusée.

— Madame, interrompt la procureure. Pourriez-vous lire l'examen psychologique qui est dans la procédure ?

— Oui.

Le magistrat cherche dans les pièces du dossier.

— Une expertise psychiatrique a été pratiquée au cours de votre garde à vue. Effectivement, c'est intéressant. Voici en conclusion ce qu'il dit : « Il s'agit d'un cas de jalousie extrême où l'auteur crée un scénario dont il est l'antihéros trahi par les siens. Il ressasse sur la pellicule de ses pensées le comportement de sa femme qui fait de lui une victime. Aucune dénégation ne saurait le rassurer. Il n'entend rien, obsédé par ces images de tromperie. Ce schéma pathologique est une forme de paranoïa. Une thérapie pourrait l'aider à prendre conscience de ce qu'il y a d'excessif dans sa manière de passer à l'acte et de raisonner. Il s'agit d'une distorsion cognitive. Un travail psychologique permettrait d'atténuer sa relation fusionnelle en inculquant les principes d'autonomie affective. »

Un silence dubitatif accompagne la lecture de la juge. Le prévenu, derrière la barre, a écouté, peu convaincu des explications dont il ne comprend pas un seul mot.

— Alors, monsieur, quel est votre avis ?

Comment avoir un avis ? Il hausse les épaules avec l'expression d'un homme exaspéré devant tant d'âneries. C'est pourtant si simple.

— P'être bien qu'elle ne me trompe pas, mais regardez la grosse vache qu'elle est devenue. C'est une épouse excitante et désirable que je veux !

À ces mots, le bistrotier se lève.

— Je vais préparer le plateau de fromages.

— D'où viennent tous ces livres ? lui demandé-je avant qu'il ne quitte la pièce.

— J'ai repris une ancienne bibliothèque que j'ai transformée. On m'a laissé quelques ouvrages. Je trouve que ça fait un joli décor.

Je hoche la tête avec un sourire. Sur ces rayonnages poussiéreux, je flaire des trésors d'où surgit la sagesse ou la folie des écrivains, leurs désirs à peine dévoilés, suggérés, révélés aux regards avides des lecteurs. Il m'arrive d'hésiter entre le monde tangible, construit et rationnel de mon métier de juge et celui insondable et infini des jeux de mots jaillissant des profondeurs de mon imaginaire.

— La réalité ne dépasse-t-elle pas la fiction ? murmure Thomas comme s'il avait deviné mes pensées.

Thomas ne poursuit pas sa phrase, notre hôte est déjà de retour. Comme un animateur-télé qui sait relancer le débat, ce dernier lance :

— Voici du cabécou du Périgord, vous m'en direz des nouvelles ! Dans la dernière histoire, vous abordiez bien les questions de cœur ?

— De sexe, vous voulez dire, rétorque Victor. Quand, jeunes magistrats, on débute dans des fonctions pénales, un des premiers constats est la confrontation brutale avec les abus sexuels en tout genre. Ceux que tous imaginent et les autres auxquels personne ne pense.

— C'est terrifiant tout ce qu'on peut faire subir à des enfants. Nous sommes une société décadente, lance le bistrotier. Il y a des violeurs, des pédophiles, des prédateurs de chair fraîche partout aujourd'hui.

— Ce n'est pas nouveau. On disait autrefois que, dans certaines régions, quand des jurés étaient appelés à juger dans le cadre d'une affaire criminelle d'inceste, ils se demandaient pourquoi ils étaient là, car chez eux, voyez-vous, eh bien c'était un peu pareil. Misère affective, misère sexuelle, promiscuité, les excès se reproduisent souvent de génération en génération. La très forte médiatisation a fait éclater la connaissance de ces comportements odieux. Je ne suis pas persuadé qu'elle l'a augmentée.

C'est Thomas qui vient de s'exprimer, il est suivi aussitôt par Victor.

— Les abus sont partout. Aucune institution ne peut se vanter d'être à l'abri. L'Église, l'armée, l'école, les colonies de vacances, les prisons, les salles de sport, et bien sûr la famille... Si les femmes « régulières » n'y échappent pas, les prostituées non plus. Les lieux sont multiples, le lit conjugal, mais aussi les caves, les ponts, les parkings, les escaliers, les hôtels... Pas de catégorie sociale épargnée : les riches, les nantis, les pauvres, la classe moyenne. Pas d'âge pour agir ni pour subir : du nourrisson au vieillard. Banalité déchirante, « ma femme était à l'hôpital donc j'ai pris ma fille, la petite m'a aguiché ».

— Toutes les victimes méritent notre considération, riposté-je en interrompant mon collègue. Je me souviens d'une clocharde qui était régulièrement abusée dans son cabanon par une bande de jeunes désœuvrés venus se faire une omelette, vider les bouteilles de vin et se soulager en même temps. « Dépêche-toi, les œufs sont cuits. »

Les gendarmes ne l'ont pas crue quand elle s'en est plainte. Si vieille, si laide... Ne prenait-elle pas ses rêves pour des réalités ? Quand on a retrouvé la pauvre femme ligotée dans son lit, le bas du corps ensanglanté, difficile de parler de relations sexuelles librement acceptées n'est-ce pas ?

Victor, qui veut prendre la parole, s'agite. Il ne cesse de croiser et de décroiser les jambes.

— Ce sont des infractions délicates à appréhender. Qui ne dit mot consent-il ? De ces viols où la victime, tétanisée, se tait. Un jeune homme propre sur lui ramasse une brave quinquagénaire pour la ramener à son domicile – les bus sont en grève. Sur la route, il fait un détour par un chemin creux. Il arrête l'auto, aide la femme à sortir, la renverse sur le capot de sa voiture. Sans violence, sans cri, sans protestation...

— Ou le passant qui après avoir abusé d'une adolescente s'étonne de l'acharnement judiciaire contre lui. N'a-t-il pas fait attention ? Après tout, il ne l'a que sodomisée pour qu'elle puisse se marier plus tard..., murmure Thomas.

— Il y a aussi les excès, lance Justine. Tout geste tendre prenant une connotation délictuelle. Le baiser du médecin sur la joue de sa patiente, l'étreinte du professeur de gym... Abus contre exagération. Un juge des enfants m'a raconté que son sang n'avait fait qu'un tour lorsqu'il avait aperçu un père embrasser son bambin sur la bouche dans une fête foraine. Mon collègue a aussitôt imaginé le pire. Ne pas voir c'est une faute, tout interpréter c'est une erreur.

— C'est vrai que tous les gestes ne sont pas condamnables. Arme redoutable dans les litiges civils, notamment les divorces, quand on lance des accusations gratuites...

— Il arrive que le sexe soit utilisé comme un moyen. J'ai entendu une mère conseiller à sa fille de quatorze ans d'être enceinte pour échapper à l'école et aux éducateurs. Il y a la déroute psychologique qui veut que, des années après les événements dénoncés, on se voit contraints de décortiquer une fête de famille où le tonton bourré a glissé la main dans la culotte de sa nièce. La nièce s'en souvient, l'oncle pas. Les témoins ont vu, pas vu, aperçu, peut-être ou pas.

— C'est souvent déclarations contre déclarations. Les juges sont confrontés à reconstituer une vérité éphémère. Les faits sont crus, intimes, les mots aussi. Il est rare que l'on soit préparé à parler publiquement de pénétration vaginale, de foufoune... Certes, il faut être délicat, ne pas choquer, mais être précis. En dépendent la culpabilité de quelqu'un et la sanction qui s'ensuivra.

— Il y a dans les tribunaux beaucoup de larmes, d'humiliation, de souffrance. L'irréparable ne se répare pas. L'autre, objet de sa pulsion, jamais sujet. Le refus qui n'est pas entendu, la plainte qui n'est pas écoutée, les supplications qui sont balayées.

— L'important c'est d'être cru, que la parole soit confrontée et que justice, aussi imparfaite soit-elle, passe.

— Imparfaite ! On ne demande plus au juge de se prononcer sur des faits terminés mais de prédire le futur. Une bonne décision est celle qui intègre l'avenir du délinquant en préservant la société. On nous fait rêver d'une humanité sans crime, sauvée par un ostracisme approprié. Le rebut d'un côté et les épargnés de l'autre.

— Un magistrat aguerri par quelques années d'expérience dit parfois qu'il a tout vu. Dans son esprit, cela signifie que rien ne l'étonne plus en matière de déviance sexuelle. Est-ce si vrai ?

Thomas, sans se départir d'un léger sourire, raconte.

Leçon de séduction

La salle d'audience est encore pleine. L'avocat finit sa plaidoirie. Il fait chaud, trop chaud. La fenêtre à droite de la cour ne s'ouvre plus depuis longtemps. Le vasistas côté rue est inutilisable. On ne s'entend plus dès qu'on l'entrebâille. Au fond, la présidente voit deux jeunes assis à droite d'un policier endormi sur sa chaise. Ne sont-ils pas en train de vider une canette de bière ?

— Un dernier mot, lance l'avocat qui n'en finit pas de sa plaidoirie.

Finalement, le policier a bougé un œil. Il aperçoit les bouteilles et fait signe aux deux personnes qui se lèvent et quittent la salle.

Les journalistes postés au troisième rang ont arrêté depuis longtemps de noter sur leur calepin. Le procureur, dont le pupitre est placé de telle façon que l'assistance ne peut pas le voir, est plongé dans la lecture d'une procédure. À moins que cela ne soit dans celle d'un article de presse. En tout cas, la présidente de l'audience le lui souhaite. Tout semble si ennuyeux en cet après-midi surchauffé.

Le conseil du prévenu fait ce qu'il peut. Les infractions sont reconnues, les faits établis. L'accusé a un casier judiciaire qui recouvrirait les murs d'une salle de sport. Alors le pauvre, bien obligé de broder, d'autant que son client dans le box se fend la poire. Il a repéré une copine dans l'auditoire et ne cesse de lui faire des mimiques avec les yeux. La sentence, il la connaît déjà. On est entre habitués, les règles du jeu sont claires.

L'avocat conclut enfin :

— Je demande l'indulgence pour mon client. Il a pris conscience de la gravité de la situation. Il ne recommencera pas.

— Merci, Maître. Monsieur, avez-vous quelque chose à ajouter à ce qui vient d'être plaidé – la présidente se force à ne pas dire longuement – par votre conseil ?

À regret, le prévenu quitte du regard les yeux de sa copine. Il se souvient que le moment de s'excuser est arrivé.

— J'ai compris. Je promets. Jamais plus. C'est la dernière fois. Laissez-moi une chance. Vous ne me verrez plus. Je ne recommencerai pas..., murmure-t-il comme une litanie.

— Vous pouvez vous asseoir, l'affaire est mise en délibéré, la décision sera rendue à la fin de l'audience. Qu'avons-nous maintenant ?

L'huissier à qui s'adresse la question pose un nouveau dossier en clamant à haute voix le nom d'une personne.

Une silhouette se lève du fond de la pièce.

— Approchez, monsieur. Placez-vous derrière la barre et parlez fort dans le micro.

Une fois l'identité vérifiée, la présidente lit la citation. Il s'agit d'une affaire d'exhibitionnisme. L'homme a été vu montrant son sexe à des caissières dans un supermarché.

La salle s'esclaffe. Ce type d'infraction, ça fait toujours rire. Le prévenu, lui, se recroqueville sur lui-même. Son cou se rétracte, ses bras ballants se croisent sur son ventre. Même ses épaules se courbent. La silhouette pourtant costaude est toute en boule. Une boule de honte.

— Est-il exact que lorsque vous allez dans les supermarchés vous vous promenez la braguette de votre pantalon ouverte, sans slip, de façon à montrer votre sexe aux caissières ou aux femmes qui se trouvent dans le magasin ?

— Oui, c'est vrai. Je reconnais.

— Depuis combien de temps ?

— Depuis quelques semaines.

— Comment cela a-t-il commencé et pourquoi faites-vous cela ?

— Je fais ça comme ça. Vous voyez bien, je ne suis pas très beau.

— Et alors ?

— Je suis célibataire depuis toujours. Je n'ai jamais été marié. Je cherche à rencontrer une fiancée. Ce n'est pas facile pour quelqu'un comme moi.

— Vous ne pouvez pas être plus précis ?

— Je me suis dit qu'en me montrant ainsi à une femme, je plairais à quelqu'un.

— Vous pensez ainsi séduire les vendeuses des magasins ?

— Peut-être bien...

— Est-ce que vous vous exhibez au marché ou devant les écoles ?

— Non, je n'ai jamais fait cela, ni devant les écoles ni sur les marchés. C'est pour trouver une épouse.

— Avez-vous déjà eu des réflexions de la part des victimes ?

— Je n'ai jamais eu de remarques. Personne ne m'a jamais rien dit. C'est pour ça que je continue. De toute façon, j'ai du mal à réfléchir.

— Et cette histoire de photos, vous pouvez nous en dire plus ?

L'homme se tasse.

— Ce sont des photos de mon sexe. Je les ai prises à la maison avec un appareil jetable.

— Qu'en faites-vous ?

— Je les donne aux caissières. C'est le meilleur de moi.

— Vous baissez votre pantalon ou vous montrez vos clichés ?

— Les deux. C'est comme ça leur plaît. Je voudrais vraiment me marier.

Incongru

Thomas raconte que ces quelques lignes sont passées inaperçues. Elles figurent dans une procédure lourde, tragique. Rien dans les dénonciations d'une fillette sur les attouchements commis par un grand-oncle lors d'une fête familiale ne prête à rire.

— Madame, votre mari est mis en cause dans une affaire de mœurs. Que pouvez-vous nous dire sur la sexualité de votre époux ?

— Nous sommes mariés depuis quinze ans. Nous avons deux fils. Depuis qu'il a eu son accident à la hanche, nous ne faisons plus l'amour. Nous dormons toujours dans le même lit. Avant je lui faisais le reproche de me délaisser, car je me sentais bonne à rien. En réalité, c'est lui qui ne venait plus vers moi. Une fois, il y a quelques années de cela, j'ai surpris mon mari qui allait faire l'amour à une poule. Il avait la braguette ouverte et le sexe sorti. Il était en train de pénétrer une poule avec son sexe. Il était debout et il tenait la poule d'une main et il a écarté les plumes du cul de la poule. J'ai été très choquée, et je lui ai demandé ce qu'il faisait. Il a aussitôt relâché l'animal et je suis partie sans rien lui dire d'autre. En rentrant à la maison, je pleurais. J'ai la certitude qu'il pratiquait ces actes souvent. Je le remarquais à ses vêtements, car sa chemise et son slip étaient couverts de crottes de poule. Je lui en faisais le reproche il me disait que cela ne me regardait pas. Je me demande si pour lui ce n'était pas habituel. Vous me demandez si mon mari a un sexe de taille normal. Oui, ni gros ni petit. Je ne crois pas qu'il soit très porté sur ces choses-là. Je vous précise qu'il n'y a ni livres ni cassettes pornographiques; je suis très vigilante. Je ne veux pas de ça chez moi.

Je hais les dimanches

Dans les grandes juridictions, les dimanches de permanence, il est inutile d'espérer faire autre chose que d'être à pied d'œuvre au tribunal. Immense machine, sans arrêt, sans escale, sans repos. On ne tue pas sa femme, ni viole sa fille, ni massacre son voisin, seulement entre le lundi et le vendredi. Aucune trêve de Noël, des confiseurs, de vacances, de jours fériés. Un tribunal, ça mouline vingt-quatre heures sur vingt-quatre. En première ligne, les procureurs et leurs substituts priant pour que rien n'arrive, en tout cas rien de grave.

Au pénal, ces astreintes mobilisent à toute heure un procureur, un juge d'instruction, un juge de la liberté et de la détention, un greffier, un représentant du service pénitentiaire d'insertion et de probation, et un avocat. Le procureur – ou l'un de ses substituts – est avisé par les services de police ou de gendarmerie de la commission d'une infraction : par exemple, un vol ou une agression, un meurtre ou un viol... S'il décide, compte tenu de la nature de l'affaire, de saisir le juge d'instruction, celui-ci est appelé sur-le-champ afin de poursuivre les investigations. Pour les crimes et délits les plus graves, le juge des libertés et de la détention (JLD) doit aussitôt statuer en présence de l'avocat sur une éventuelle incarcération provisoire.

Justine se souvient d'un temps où elle était substitut. À une époque où les portables n'avaient pas encore envahi le quotidien. Permanence du week-end en tant que parquetier signifiait rester scotché chez soi à côté du téléphone.

Un jour, le procureur vint la voir.

— Nous avons de nouveaux appareils portatifs. Ils sont à l'essai. Vous pourrez ainsi être jointe par la police ou la gendarmerie même si vous êtes hors de chez vous. Vous me direz après si ça vous a rendu service.

La machine en question était un combiné militaire, cinq kilos à camoufler dans un sac à provisions, version toile de jute à fleurs.

Dans l'après-midi, des amis lui proposent une soirée cinéma.

— Impossible, je suis de permanence.

— Pas de chance, moi c'était la semaine dernière. Tu ne peux vraiment pas venir ?

Coup d'œil sur la boîte noire. Pourquoi pas ?

— D'accord, rendez-vous là-bas.

Voilà la substitut du procureur partie. Le sac à provisions s'est métamorphosé en sac à main volumineux et solide, avec une écharpe de soie posée dessus pour dissimuler l'objet aux regards des passants.

La rue piétonne d'un samedi soir est pleine de monde, badauds, bras dessus bras dessous, léchant les vitrines, mordant dans des cornets de glace.

Arrêt dans une boutique de fringues. Rien, tout va bien. File d'attente devant le cinéma. Bises, copinages, papotages.

Sauf que : Brong brong brong.

— Quoi ?

— La permanence.

— Tu as un de ces nouveaux téléphones, ça marche ?

— La preuve. Allô oui, monsieur, je vous écoute.

Comment trouver un coin isolé ?

— Un instant, s'il vous plaît.

Au bout du fil, le gendarme s'impatiente, il est pressé de faire son rapport et de débiter son histoire. Un viol contesté.

— Encore un moment.

Peut-être qu'en filant vite, le porche de l'autre côté de la rue ferait l'affaire.

— Monsieur, donnez-moi votre numéro, je vous rappelle. Je dois chercher à m'isoler.

— Quoi ! J'entends mal. Parlez plus fort. Il y a des grésillements. Je vous informe d'une agression, clame le gendarme comme s'il s'adressait à une demeurée.

— Oui, j'ai compris, répond la substitut du procureur, exaspérée. S'il y a pénétration sexuelle non consentie, c'est qu'il y a viol, se surprend-elle à dire dans un silence ahurissant. Tout le monde la regarde.

Ridicule, gêne et confusion.

Nom d'un chien, qu'il est difficile de parler d'introduction vaginale, un samedi soir dans le hall d'un cinéma !

Des pommes, des poires et des...

Aujourd'hui, un homme est mort poignardé dans une des rues chaudes de la ville. Le substitut de permanence est appelé à se rendre sur place. Rue de sex-shops, de prostituées et de proxénètes. Qu'y faisait la victime ?

Il vendait des pommes, des poires et des scoubidous... Hou !

En fait de scoubidou, l'homme allongé sur le trottoir, sa tête baignant dans le sang, était un créatif. Il vendait dans ce quartier interlope des feuilles de rouleaux d'essuie-tout à l'unité. Sa clientèle, reconnaissante, se composait de consommateurs de chair fraîche – ou moins fraîche –, de relations d'amour tarifées. Tous, conscients de l'entreprise de salubrité, acceptaient de payer quelques centimes de plus l'union éphémère pour pouvoir user de ce complément prophylactique. Mais ce commerce de détail, si lucratif, avait fait des jaloux qui ne plaisantaient pas avec les règles de la concurrence. Le couteau planté au cœur en était la preuve. Le monde des affaires est impitoyable !

Ventre à terre

Malgré la permanence, Justine a ce soir-là accepté de dîner avec des amis. Le repas est sympathique. Il y a des juges et des conjoints de juges autour de la table. Ces derniers sont toujours un peu perdus, ils savent qu'ils ne vont pas pouvoir en placer une.

Au moment du dessert, le téléphone portable de Justine se met à vibrer.

— Pas de chance ! s'écrie l'un des convives.

Tous se taisent, ils ne veulent pas écouter. mais écoutent pourtant.

— Allô ?

Après que l'interlocuteur a décrit la scène, la voix de la magistrate répond :

— Vous avez une affaire de blessure avec arme ? Une dispute entre concubins ?

Silence, puis :

— Ah, des coups de couteau ? La femme a quel âge ? Elle reconnaît les faits. Bon, c'est parfait, on déférera demain au tribunal. Et la victime ?

— Tranché net, dites-vous ! Elle a bien visé...

Nouvelle pause :

— Quoi ? Beurk !

Justine fait une drôle de grimace et murmure d'une voix hésitante à son interlocuteur :

— Elle lui a coupé quoi ? Ah bon ! Les pompiers ont ramassé le morceau... Je ne savais pas que ça se recousait !

Le correspondant ajoute encore quelques mots dans l'appareil. La juge de permanence finit par dire, avant de raccrocher :

— Merci, on se voit demain pour faire le point. Vous m'apporterez le certificat médical.

Justine pose son téléphone et lève la tête. Elle prend soudain conscience du silence. Tout le monde l'observe d'un air interrogateur. Pas une fourchette ne bouge, pourtant le gâteau est délicieux. Tous sont bouche bée.

Enfin, quelqu'un, un homme, ose prendre la parole.

— Ôte-moi d'un doute. Qu'est-ce qui a été coupé au juste ?

— De quoi parles-tu ?

— N'as-tu pas dit qu'elle lui avait coupé quelque chose qui se recousait ?

Justine éclate de rire.

— Ah ! Que vous êtes sensibles ! Eh non, messieurs, il ne s'agit pas de ce que vous pensez. Pour ne pas activer votre angoisse de castration, je vous rassure tout de suite. La victime est un mâle charnu et ventru qui a perdu à cause des coups de couteau assenés par sa compagne une petite partie de sa bedaine, laquelle a chuté au sol. Fort heureusement, la police est arrivée ventre à terre et a transporté l'homme et son morceau de brioche à l'hôpital. Il paraît que les médecins ont réussi à raccommoder le tout.

Au bistrot, nous attaquons le fromage dans un silence respectueux. Je goûte pour la première fois un vacherin de chèvre crémeux, doux et puissant. Thomas à mes côtés se laisse séduire par un vieux bagnes du Valais, sec et fruité. Je le vois se servir aussi d'un camembert aux parfums soutenus de pâturages, de lait et de pommes mûres. Pour nous surprendre, notre hôte a sorti un viognier de l'Ardèche, ce vin blanc délicat qui nous envahit aussitôt le palais de notes confites.

Soudain, comme un instituteur qui veut retrouver l'attention de ses élèves, notre hôte se lève et, après avoir sorti un papier de sa poche, se met à lire :

« Lorsque les pères s'habituent à laisser faire les enfants, lorsque les fils ne tiennent plus compte de leurs paroles, lorsque les maîtres tremblent devant leurs élèves et préfèrent les flatter, lorsque finalement les jeunes méprisent les lois parce qu'ils ne reconnaissent plus au-dessus d'eux l'autorité de rien et de personne, alors c'est là, en toute beauté et en toute jeunesse, le début de la tyrannie. »

— De qui sont ces propos ? nous demande-t-il après avoir rangé sa note.

Nous donnons tous notre langue au chat.

— Platon..., lance-t-il, heureux de son petit effet.

— Je vois, rebondit Victor, vous voulez qu'on aborde la question des mineurs. Pour les très jeunes victimes, notre protection est un devoir. Pour les auteurs de faits monstrueux, la sanction est certes une nécessité, mais...

— À l'autre bout de la vie, vous avez les vieux, interrompt Thomas. Les agressions faites aux personnes âgées deviennent un quotidien des tribunaux. De la petite femme qui, porte-monnaie à la main, s'en va guillerette acheter pommes, poires et chocolat à l'épicerie du coin et qui, sur le chemin du retour, se retrouve sans s'en rendre compte à terre. Elle a juste eu la sensation d'être tirée par le bras, celui-là même qui tient le sac. La tête frappe d'abord le trottoir puis le mur tandis qu'autour du corps désarticulé roulent les fruits, les œufs et les gâteaux. Il y a aussi le jeune qui repère sa proie vacillante devant un distributeur de billets de banque. Sans parler de l'aide ménagère qui rajoute des zéros sur les chèques destinés à la payer. « Que voulez-vous que ça lui fasse ? Il ne l'emportera pas dans sa tombe ! » Que dire de la maltraitance ordinaire dans ces maisons où les vieux sont parqués : contusion frontale droite, plaies aux deux coudes avec excoriations cutanées sur une personne de quatre-vingt-quinze ans qui refusait qu'on lui mette son change : culotte et couche pour la nuit. Que dire de ces maladies qui font perdre la boussole à la victime, mais pas le nord à l'escroc. « Donne-moi ton héritage et je te jouerai la sérénade. »

— C'est vrai que le grand âge est un nouvel eldorado, reprend Justine sur le même ton. J'ai vu un jeune couple s'installer chez une grand-mère qui avait un appartement. La vieille femme a dû se faire toute petite. On a déménagé sa chambre, puis son lit, puis ses affaires pour la retrouver sur une natte posée à même le sol dans le cagibi.

— Assez parlé des personnes de mon âge ! dit notre hôte à l'attention de Justine. Vous êtes juge des enfants ? C'est un métier que j'aurais aimé faire. J'ai lu comme tout le monde *Chiens perdus sans collier*. Ce livre a certainement suscité bien des vocations. Et vous, pourquoi avez-vous opté pour cette fonction ?

— Moi aussi j'ai lu le roman de Gilbert Cesbron. Mais mon choix est moins louable. Il est né d'une honte ancienne. Il m'est arrivé de voler des bonbons lorsque j'avais sept ans. La boulangère laissait à hauteur de sa caisse une corbeille en osier remplie de nounours gluants et caoutchouteux. Vingt centimes pour les petits, vingt-cinq pour les grands. Après l'école, je m'arrêtais en faisant semblant de compter l'argent que je n'avais pas et, profitant d'un moment d'inattention, je plongeais la main dans le panier. Un jour, j'ai entendu la vendeuse clamer haut et fort « Regardez cette graine de voyou ! Ça remplit les tribunaux et ça vide les caisses ! » La « graine de voyou » m'a laissé un goût de fiel dans la bouche et m'a conduite directement au concours de la magistrature.

— C'est vrai ? demandé-je à Justine, surprise. Ma collègue paraît si droite et si bien élevée.

— Non, bien sûr. Qui disait tout à l'heure que la réalité dépassait la fiction ? Un peu de fantaisie, ce n'est pas mal non plus !

Justine se met alors à rire.

— Lorsque j'étais encore stagiaire magistrate, j'ai assisté à une audition tenue par un de nos collègues...

On n'est pas préparé à tout

Ce jeune magistrat a obtenu une licence d'histoire puis une maîtrise de droit. À l'heure du choix, il a hésité entre l'ENA et HEC et, comme papa était inspecteur des finances, il a passé le concours de l'École nationale de la magistrature.

Rien pourtant ne l'a préparé à la confrontation avec la femme qui a défiguré sa fille de quinze ans à l'aide d'un fer à repasser tandis que celle-ci noyait sa sœur dans la pisse d'un pot de chambre. Le rapport éducatif est édifiant. Dans cette famille, on circule entre les crottes du chat et les détritus. Le grand frère présente des plaies sur le visage et sur les avant-bras. On parle de la gale. Celui qui a deux ans a de sévères problèmes aux dents. C'est que passer du lait maternel aux chips ne se fait pas sans conséquences.

À ce défilé de l'horreur ordinaire, le juge hoche la tête. Il comprend un peu, compatit beaucoup et s'interroge sur le formulaire à remplir. Le rose, le vert, le mauve ? Que doit-il faire de la notice bleu ciel, mise au point récemment par la chancellerie ? Alors qu'il récapitule le nombre de signatures à obtenir, il prend conscience du silence dans le bureau. La femme s'est tue.

— Veuillez apposer votre seing sur ces pages, ordonne-t-il soudain en tendant une liasse de documents.

La mère hésite. On la voit dégrafer son corsage tout en s'approchant de la table. Comment va-t-elle pouvoir graver son sein sur autant de feuilles blanches ?

De là où elle n'aurait jamais dû sortir

Ce jour-là, le procureur est épuisé par une permanence qui n'en finit pas. Il regarde sa montre. Dans deux heures, il passe la main à un de ses substituts, rejoint son épouse pour filer au théâtre.

Manque de pot, encore un coup de fil des gendarmes.

— Monsieur le procureur ?

— Oui ?

— On l'a retrouvée.

— De qui me parlez-vous ?

— De la jeune fille, vous savez, celle qui était partie à la recherche de ses origines. Toute gamine, elle a été placée. D'abord en foyer puis chez une assistante maternelle. Sa famille nourricière s'est attachée à elle et ils ont entamé une procédure d'adoption. La semaine dernière, la demoiselle a demandé à rencontrer ses vrais parents. Histoire de comprendre pourquoi ils l'avaient abandonnée. Ses père et mère de substitution ont tenté de l'en dissuader. Ils s'inquiétaient pour elle. Ils avaient peur qu'elle soit mal reçue et qu'elle subisse désillusion et déception.

— En quoi tout ceci me concerne ? La permanence est chargée, ne pourriez-vous pas abréger !

— C'est que, la semaine dernière, la famille nourricière nous a appelés pour signaler la disparition de leur future fille adoptive. Comme ils étaient sans nouvelles, ils se sont affolés. On est allés sur place. Rien. Pas de trace de la gosse. Elle avait dû pourtant passer car un voisin nous a dit avoir vu sa voiture. Une Clio rouge. Alors, les hommes de la brigade ont fait demi-tour.

— Vous l'avez trouvée ?

— Oui. Noyée dans la fosse à purin...

Le silence est long avant que le procureur raccroche. Il compose aussitôt le numéro du médecin légiste pour faire pratiquer une autopsie.

Le magistrat n'a plus envie de spectacle. Il n'a même plus envie de partir. Il n'a plus envie de rien. Pleurer peut-être. La phrase de Shakespeare lui revient en mémoire : « *Le monde entier est un théâtre. Et tous, hommes et femmes, n'en sont que les acteurs. Et notre vie durant nous jouons plusieurs rôles...* »

Une jeune fille vient prématurément de quitter la scène.

Récré

Deux gosses dans la cour du palais de justice...

— Tu fais quoi demain ?

— J'ai encore juge le matin, sport l'après-midi.

— Fais pas comme la semaine dernière. N'oublie pas ton sac.

— T'as raison, le prof de gym pourrait gueuler.

Dessine-moi la maison

— C'est comment, là-bas ?

— Tu verras, lance le juge, la maison est hors de la ville, la famille est très gentille.

— Il y a d'autres enfants comme moi ?

— Oui, deux plus grands et un plus petit.

— J'aurai le droit de faire de la balançoire ?

— Je pense, fait le magistrat en se disant qu'il ne doit pas trop promettre.

Le gamin qu'il a devant lui, il le connaît depuis longtemps. Le dossier a été ouvert par son prédécesseur. Une famille comme il y en a beaucoup. Des enfants livrés à eux-mêmes, un peu trop, mal habillés, un peu trop, mal nourris, un peu trop. L'aîné a été placé dans un foyer, il est majeur aujourd'hui. Les autres sont restés. Les parents sont attachés à leurs mômes, dépassés simplement. Alors, une aide éducative jusqu'à présent ça a suffi à maintenir un équilibre précaire.

Aujourd'hui, l'enfant a sept ans, un peu frêle pour son âge, malingre, fluet plus exactement. Des yeux doux, pas encore le regard de préadolescent. En classe, des résultats scolaires passables. L'équipe de soutien a bien joué son rôle. Rapports encourageants. Sauf qu'il y a un doute depuis que le môme est parti chez la sœur de la mère pendant les vacances de Noël. Pendant ce séjour, l'accompagnatrice a eu vent d'attouchements sexuels commis par un cousin.

— On en est sûr ? a demandé le juge.

— Des soupçons seulement. L'enfant ne veut pas parler. Mais il est rentré très perturbé, racontant qu'il avait visionné des films avec des personnes nues et qu'il avait dormi dans le même lit que son cousin.

— Il suffit que le gosse ne rencontre plus ce garçon. Il a quel âge ?

— Dix-sept ans. On craint que cela ne recommence.

— Pourquoi ?

— La maman vient de nouveau d'être hospitalisée. Elle veut confier son fils à sa sœur. Depuis quelque temps, elle est méfiante à notre égard. Elle collabore moins avec les services sociaux. Son nouveau mari ne nous apprécie guère. Nous pensons qu'il préférerait boire les allocs en toute tranquillité sans nous avoir dans les pattes.

Le môme debout devant le bureau du juge s'impatiente.

— Alors, c'est comment la maison là-bas ?

Le magistrat revient à la réalité. Il explique pourquoi la séparation avec la maman est nécessaire. Il ne pratique pas la langue de bois.

— Pour te protéger de ton cousin, dit-il.

L'enfant rougit.

— Pour qu'il ne me fasse plus de mal.

— Il te faisait mal de quelle façon ?

— Dans le lit le soir. Pendant que je regardais la télé.

Le juge est presque soulagé. La décision de placement, il ne l'a pas prise de gaieté de cœur. Il sait que la maman va souffrir, qu'elle va se révolter. Qui ne se révolterait pas à sa place ? Il va y avoir des cris et des larmes. Alors cette mesure, il l'a mûrie, réfléchie. Il a même mis en scène ce scénario. On est allé chercher l'enfant à l'école, le rendez-vous avec la mère est prévu juste après son hospitalisation. Pour lui expliquer que ce n'est que du provisoire.

— C'est la seule chose à faire, reprend le juge autant pour le gamin que pour lui-même.

Le petit hoche la tête, il comprend. Il n'est pas tout à fait d'accord, pas tout à fait hostile non plus. Il a peur de l'inconnu dans cette famille, mais après tout, il aura une chambre, c'est ce que l'éducateur lui a dit.

— Dessine-moi la maison !

Le juge sourit et repense au Petit Prince. Comme il n'a jamais dessiné de baraque et, faute de temps, comme il a hâte de reprendre son travail, il griffonne un grand cube avec un toit et des fenêtres, et il lance :

— Ça, c'est les murs. Ta chambre est dedans.

Il est surpris de voir s'illuminer le visage du jeune enfant.

— C'est tout à fait comme ça que je la voulais ! Tu crois qu'il y aura des jouets ?

Le soir arrive et chacun s'en retourne chez soi. Devoir accompli, mission réussie. La nuit est courte, et le lendemain survient avec ses nouvelles procédures.

— Monsieur le juge ?

— Oui ?

— Ici, l'éducateur.

— Quoi ?

— Vous êtes au courant ?

— De quoi ?

Pressentiment, sueur froide.

— Quoi ?

— Cette nuit ?

— Non ?

— Dans la famille d'accueil. Les deux plus grands sont sortis pendant que le gosse prenait ses marques. Ils sont rentrés bourrés et shootés. Ils avaient traîné dans les bars. À leur retour, ils ont pénétré dans la chambre du gamin et fermé la porte à clef. Tandis que l'un faisait le guet, l'autre a violé le petit. Ils ont recommencé. À tour de rôle jusqu'à l'aube. Le môme est à l'hôpital et les jeunes en garde à vue.

Sur ces derniers mots, tout le monde reste coi, transporté par une émotion qui le dépasse. Tenter de bien faire et engendrer le pire, est-ce ça le métier de juge ? « En vertu, quelquefois l'erreur change le crime », dit Antoine-Vincent Arnault. Qu'est-ce que cela signifie exactement ?

Soudain notre hôte qui a laissé un peu de fromage au bord de son assiette se secoue comme s'il désirait se débarrasser d'un vilain vêtement irritant.

— Changeons de sujet voulez-vous ? Celui-là me fend le cœur. Comment doit-on vous appeler, vous, les juges ? La féminisation des noms de métier et des titres s'est-elle arrêtée aux portes des tribunaux ?

— L'égalité dans la justice n'aime ni les mots ni la poésie, répond Justine. Procureure « areu areu », substitut, « turlututu, chapeau pointu ! ». Procureuse n'est pas de mise. C'est la femme d'un procureur dans Flaubert, je crois.

— Assesseure ou assesseuse ?

— Le plus simple c'est de changer l'article qui précède : la juge. Jugesse ça fait penser à jupette ou à duchesse.

— En tout cas, il vaut mieux éviter « « votre honneur » qui fait série américaine, précise Victor.

Après un silence, il ajoute.

— Il vaut mieux aussi s'abstenir de tenues extravagantes. Les tongs et les shorts, ça fait plage.

— C'est déjà arrivé ? demande le cafetier étonné.

Personne ne répond, tous plongés dans les souvenirs de quelques toilettes excentriques entraperçues dans les salles d'audience.

Thomas, prenant un ton didactique, se lance soudain.

— Dans une salle d'audience, il y a des chaises ou des bancs pour le public, des bancs avec pupitres pour les avocats, parfois un box pour la presse, un autre pour les prévenus détenus. À droite ou à gauche, c'est selon, vous avez un greffier en robe noire qui écrit beaucoup ; lui fait face un représentant du ministère public qui, lui, parle beaucoup. De front, siègent trois personnes avec, au centre, celui qui préside. À ses côtés, ceux qui luttent contre le sommeil, sont des assesseurs. Pendant les heures d'audience, nulle envie de pisser, de boire, de manger, de tousser. Juges et greffier sont, le temps d'un long après-midi, de purs esprits dont le corps est nié. Parfois la grimace de l'un deux témoigne de la mauvaise qualité du fauteuil dans lequel il est cloué, sciatique au bas des reins. Dans une salle des pas perdus, le juge est la personne qui pousse une valise à roulettes, l'appariteur celui qui porte les dossiers, le greffier celui qui les cherche, l'avocat celui qui les plaide.

— On parle de président d'un tribunal pour celui qui est à sa tête, président d'une audience pour celui qui dirige les débats. Les procureurs se font avocats généraux quand ils montent en grade, et les juges conseillers à leur arrivée dans une cour d'appel.

— L'un de vous a dit tout à l'heure que le mot « barreau » pour désigner les avocats venait de la barre située devant les juges. Pourquoi le parquet ?

— Le terme viendrait du XVIIe siècle. Il signifie « petit parc ». En effet, les juges du tribunal, à l'époque, étaient assis sur les trois côtés de la salle. Cela formait une sorte d'enclos. L'intérieur de cet enclos représentant la paix et la justice.

— Il s'agit de la magistrature debout, celle qui se lève pendant l'audience. Son parlé s'appelle réquisitions. Le parquet n'est ni ciré ni mité, bien que dans certaines juridictions se cachent quelques puces à bois qui viennent piquer les mollets des uns et des autres. La magistrature assise ne se lève pas, elle ne se couche pas non plus. En principe, la magistrature allongée n'existe pas.

— Peut-être, mais les juges travaillent dans des salles d'audience. Ils peuvent rendre des décisions en chambre du conseil. N'y voyez ni lit, ni édredon, ni traversin, mais une porte close pour garantir la confidentialité des débats.

— Les tribunaux peuvent être petits ou de grande instance. Ils se font cour d'appel avec à leur tête la Cour de cassation qui casse les décisions rendues par les cours d'appel qui, elles-mêmes, ont rejugé les décisions des tribunaux. La justice est ainsi un éternel recommencement, chacun refaisant ou défaisant encore et encore ce que l'autre a fait ou défait. C'est clair ?

— Après ce vin, rien n'est clair, rétorque notre gentil bistrotier.

Alors qu'il se dirige vers une pièce située au fond de sa boutique, il ajoute :

— Votre système judiciaire est très complexe. Cela ne peut-il pas entraîner quelques malentendus ?

La justice jusqu'au bout de l'équilibre

C'est un grand moment. On est en correctionnelle, dans une affaire d'importance. Le procès est prévu sur trois jours. Lui, qui est cité comme témoin, passera au cours du premier après-midi. Le greffier lui a indiqué une heure approximative. En attendant, on lui demande de rester dans une pièce isolée afin qu'il n'entende pas les débats. Ses déclarations ne doivent pas être influencées par les propos d'audience. Quand ce sera son tour, on viendra le chercher.

Soudain, c'est à lui, et l'huissier clame :

— Monsieur est appelé à la barre.

L'homme s'approche et le président l'invite à décliner son identité.

— Monsieur, vous êtes cité comme témoin, précisez vos liens avec les parties. Après, vous prêterez serment de dire la vérité, toute la vérité. Levez la main droite et dites « Je le jure ».

L'homme a mis le plus beau de ses costumes et s'est rasé avec soin. Sa femme a même cousu dessus les quelques décorations militaires qu'il a glanées dans sa jeunesse. Il va essayer d'être à la hauteur. Il fera l'impossible pour aider la justice. Il a foi dans les institutions de la République. Que l'équité et la vérité l'emportent grâce à lui. Il se l'est promis en son âme et vient de le jurer en toute conscience.

Il est étonné de la facilité des questions. La personne qui préside lui parle de façon pondérée et semble intéressée par ses propos. Un des assesseurs, la femme de droite, l'interroge sur un point de détail. Il se veut concis et clair. Face au sourire affable de l'avocat, il se détend. Même le procureur de la

République hoche la tête. Sa prestation, il en est certain, va utilement contribuer à objectiver les faits et permettre une décision sage et équilibrée. Soudain, le président de l'audience l'interrompt.

— Merci monsieur, vous pouvez vous asseoir.

Là, stupeur. Il avait tout prévu, mais pas ça. Il fixe la barre et se demande comment faire. Il s'agit d'une poutre étroite et longue qui lui arrive à la hauteur du nombril. Il pensait qu'elle servait à poser ses mains. Ne lui a-t-on pas appris que le mot barreau venait de cette barre derrière laquelle les avocats devaient plaider ? Jamais il n'a imaginé qu'il fallait s'y asseoir dessus comme sur un banc. Il est vrai que les salles d'audience ne lui sont pas familières. C'est si haut ! Pourtant, il s'en est fait la promesse. Alors, advienne ce que pourra, il se lance. Oui. D'abord, une jambe, la droite, puis il prend appui avec ses deux bras et se tourne légèrement. C'est qu'il n'a plus vingt ans. Un effort supplémentaire et il va y arriver…

Indifférent à la stupéfaction de l'assistance, il se concentre encore. Un nouvel élan, un saut de côté, un balancement des coudes pour faire contrepoids et enfin… il s'envole. L'oiseau tel le corbeau sur son arbre perché a réussi à s'asseoir triomphalement sur la barre du tribunal.

— La séance est suspendue, clame alors le président qui tente, sans y parvenir, de cacher son fou rire.

Les trois juges et le ministère public se lèvent et se précipitent vers la porte de sortie. Tous sont pliés en deux. Difficile d'être discrets. À peine arrivée dans le couloir, l'assesseur qui tout à l'heure a posé une question murmure entre ses dents.

— Pourquoi n'y a-t-on pensé plus tôt. Quelle belle leçon d'équilibre !

Nul n'est censé ignorer la loi...

Le texte qui suit a été (presque) pris au hasard parmi la cinquantaine de textes codifiés dans les petits livres rouges qui ornent les bureaux des juristes.

« Dans le respect des critères prévus du huitième au dernier alinéa de l'article 29 de la même loi, il peut être autorisé l'usage de fréquences pour un ensemble de services de radio diffusion sonore ou de télévision par voie hertzienne selon des techniques de diffusion numérique ou de diffusion multiplexée sur canal micro-onde. Cette autorisation ne peut être délivrée que pour un site géographique limité et lorsque les services sont diffusés selon une technique de diffusion multiplexée sur canal micro-onde en dehors des zones desservies par un réseau de distribution par câble utilisant des fréquences comprises dans les bandes attribuées au service de radio diffusé. »

À part quelques initiés, comprenne qui pourra !

Cas d'école

Début :

« Un prévenu est poursuivi pour avoir, sur le territoire national, depuis un temps non couvert par la prescription, hors le cas prévu par l'article R. 635-8, déposé, abandonné, jeté ou déversé, en lieu public ou privé, à l'exception des emplacements désignés à cet effet par l'autorité administrative compétente, des ordures, déchets, déjections, matériaux, liquides insalubres, ces faits n'ayant pas été accomplis par la personne ayant la jouissance du lieu ou avec son autorisation. »

Le juge : Vous comprenez ce qui vous est reproché ?

Le prévenu : Pas vraiment.

Le juge : Vous avez pissé dans le champ du voisin sans en avoir obtenu la permission. Qu'avez-vous à dire ?

Le prévenu : C'est que...

Suite :

« Méconnaît le sens et la portée de l'article R. 632-1 du code pénal précité la décision qui, constatant que les déchets étaient emportés par le vent sur des fonds voisins, déclare le prévenu coupable de la contravention prévue par ce texte, sans caractériser à sa charge les faits de dépôt, d'abandon ou de rejet des déchets sur le terrain d'autrui. »

Le juge : Vous comprenez le problème juridique ?

Le prévenu : Pas vraiment.

Le juge : Aviez-vous un anémomètre sur vous ?

Le prévenu : Un quoi ?
Le juge : Un appareil donnant la direction du vent.
Le prévenu : C'est que...

Suite et fin :

« La durée du dépôt n'étant pas précisée par le texte, la contravention est une infraction instantanée aux effets permanents. Le jet n'est pas punissable lorsqu'il est effectué sur un emplacement désigné par l'autorité administrative, ou sur son terrain par celui qui en a la jouissance, ou encore par celui qui a obtenu l'autorisation de celui qui a la jouissance du lieu. Chaque commune n'étant pas obligée de réserver un emplacement pour recevoir le liquide insalubre, le fait qu'un tel lieu n'existe pas dans une commune ne dispense en aucune façon le respect des prescriptions de l'article R. 632-1 et ne saurait constituer un cas de force majeure. »

Le juge : Vous suivez le raisonnement de la jurisprudence ?
Le prévenu : Pas vraiment.
Le juge : Pourquoi ne pas avoir cherché une pissotière ?
Le prévenu : C'est que...

Égarement

Les incompréhensions entre juges et justiciables sont multiples.

Je suis informé du motif de ma convocation. La SNCF a déposé plainte contre moi à cause de mes bovins qui circulent sur les voies ferrées. Faudrait pas me mettre sur le dos des histoires de troupeaux qui ne sont pas les miennes. Il est exact que j'ai un herbage avec mes vaches près du rail. Je vais les voir quotidiennement, encore plus maintenant qu'il fait froid, puisqu'on est obligé de les soigner.

Le jour des événements qu'on me reproche, je me suis rendu là-bas comme d'habitude. Toutes mes bêtes étaient présentes. Mes vaches sont des presque normandes. Ils appellent ça la race 56. Une est de jais, c'est un bœuf. Les deux autres sont blanches et marron.

De mon point de vue, le champ est clôturé et bien clôturé. J'ai vérifié bien des fois. Il est impossible que mes bovins soient en divagation sur les chemins de fer.

J'en ai assez qu'on m'accuse. Je ne comprends pas pourquoi la SNCF ne m'a pas téléphoné pour me dire qu'elle m'attaquait pour l'égarement d'une bête. Et puis, le conducteur du train, a-t-il précisé que la vache était une 56 marron et blanche ? Parce que sinon, ça peut être tout le monde.

Je ne comprends pas

Je ne comprends pas ce que je fais dans cette salle d'audience. Je n'ai jamais été condamnée. C'est la première fois que je comparais devant un tribunal. J'ai acquis le trimestre dernier un manoir sur les bords de Loire. La maison est jolie, mais en très mauvais état. Pour la restaurer, j'ai acheté divers matériaux dans une grande surface de la région parisienne. Sur place, quelqu'un m'a aidée à charger ma voiture et, comme il m'a dit chercher un petit boulot, je lui ai proposé de faire des travaux chez moi.

L'homme est arrivé par le train deux jours plus tard avec un de ses copains. Malgré mon insistance pour les installer dans une des chambres d'amis, ils m'ont affirmé préférer dormir sur des paillasses posées à même le sol dans le couloir.

Parce qu'ils en avaient envie et qu'ils me l'ont suggéré, ils ont déblayé les gravats du sous-sol, monté un mur derrière le pressoir, creusé un trou pour y entreposer une cave à vin. L'un d'eux, qui avait des notions de mécanique, a réparé un vieux tracteur pour tondre la pelouse. À l'étage, ils ont repeint chacune des chambres, tendu de la toile de jute sur les cloisons d'un petit boudoir où je voulais installer mon bureau. Je tiens à préciser qu'ils ne s'activaient pas en permanence et qu'ils bénéficiaient de longs moments de détente. Malgré tout, comme ils étaient pressés d'en finir, ils se levaient à l'aube et ne s'arrêtaient qu'après la nuit tombée. Je les ai vus plusieurs fois se reposer après le dîner. En effet, le soir, ils pouvaient regarder la télé ou jouer aux échecs. Je ne leur ai jamais demandé de travailler le dimanche !

Pour les commodités, je leur ai offert tout le nécessaire : un réchaud sur le palier en guise de cuisine et un coin dehors avec un robinet était mis à leur disposition pour leur débarbouillage quotidien. L'électricité et l'eau courante pouvaient être librement utilisées. Je n'ai jamais non plus restreint l'usage des toilettes, le papier hygiénique restant à ma charge.

Pour ce qui est de l'endroit où ils déjeunaient, ils étaient en face du jardin dans la grande pièce et pouvaient boire des bières que je les avais autorisés à entreposer dans le frigo.

Jamais il ne m'a semblé nécessaire de verser un salaire. Il s'agissait d'une relation d'assistance, exclusive de toute activité dissimulée. De toute façon, ils n'avaient besoin de rien, puisqu'ils étaient nourris et logés.

Pour leur confort, il m'est un jour arrivé de les emmener à la supérette faire leurs courses personnelles comme des biscuits, de l'alcool et du savon. J'ai réglé la facture sans même contrôler ce qu'ils avaient pris.

Mon attitude est altruiste et humaine. De mon éducation, j'ai toujours eu le souci d'aider mon prochain. Je suis engagée volontaire auprès du Secours catholique, je suis allée apporter mon soutien en Somalie et je parraine l'avenir d'une petite Africaine aveugle. À ce sujet, je vais cesser car j'attends moi-même un enfant. Compte tenu de ma sensibilité, je ne voudrais pas que le sort tragique de cette fillette influence négativement le destin de mon futur bébé.

Voilà toute l'histoire. Comment ces deux hommes peuvent-ils oser dire aujourd'hui que j'ai profité de leur détresse ! À aucun moment il n'a été question de travail clandestin, mais simplement d'amitié et d'entraide. Je ne vois pas où est le problème !

Combien

— Je vais requérir contre vous une peine de prison.

En prononçant ces mots, la substitut du procureur, dans la petite pièce, ne regarde pas son interlocuteur. Concentrée sur les mentions à indiquer sur le procès-verbal, elle continue à écrire. En face d'elle, l'homme assis est accablé. Les policiers l'ont démenotté, et ils se tiennent derrière la porte de verre. C'est la première fois qu'il lui arrive une affaire pareille. Premier délit, première garde à vue. Il n'avait jamais rencontré de juge auparavant. En vrai.

— Vous n'avez jamais été condamné ? reprend la femme.

Question de pure forme, elle a le casier judiciaire numéro 1 devant les yeux. Photographie intraitable du passé de chacun. Depuis que les amnisties ont passé de mode, peines et sanctions s'accumulent sur ces quelques feuilles qui ne sont accessibles qu'aux magistrats.

— Non, jamais, soupire-t-il, écrasé par sa faute.

Pour son entrée dans le monde de la délinquance, il a fait fort, très fort. Bagarre dans un bar, coups de tesson de bouteille à un poivrot qui comme lui déversait son désespoir au comptoir. La cause ? Une opposition sans concession possible sur l'élection de Miss France la veille à la télé. Il ne veut pas paraître chauvin, mais la plus jolie était berrichonne. Les votes sont truqués, de ça il en est sûr. L'autre, le pochard, soutenait l'avis de la belle de Fontenay. Comment avoir une opinion, quand on a un nom de pomme de terre ? Lui, ça l'a énervé. Faut dire qu'en ce moment un rien l'agace. La vie, il ne l'avait pas imaginée ainsi. Lorsque tout vous lâche, que le moral va mal, que rien ne vous plaît, on ne plaisante pas avec les seins berrichons. Heureusement pour sa victime, la blessure n'est que superficielle.

— Pas si superficielle que ça. Dix jours d'ITT quand même, reprend la magistrate, intraitable.

« Dix jours d'ITT ». L'individu, qui ne sait pas ce que signifie ITT, acquiesce. Il cherche dans son cerveau un rapport avec le VTT, RTT, et comme il ne voit pas, il penche la tête.

La substitut du procureur le regarde enfin. D'un ton ferme, elle explique la procédure. L'homme a une sorte de rendez-vous judiciaire. Il va quitter libre cette pièce, mais devra se présenter à l'audience dans quelques jours. Il faudra qu'il vienne accompagné d'un avocat s'il le souhaite. Là, il dira ce qu'il veut pour sa défense. Mais, d'ores et déjà, la substitut lui signifie que ce qu'il a fait est grave, très grave, qu'il risque la prison comme le prévoit le code pénal.

Le ton du ministère public est à cet instant en pilote automatique, elle a pris la bande-son numéro 3, celle qui gronde et menace. Depuis tant d'années qu'elle fait ce métier, qu'elle répète la même chose, elle a enregistré des leçons. Parfois, dans la vie de tous les jours, elle dérape et attrape sans le vouloir la piste 3. Celle qui fait que son entourage lui lance :

— Arrête ta voix de procureur !

Un jour, une de ses collègues, juge d'instruction, lui a raconté une dispute avec son mari. L'époux lui avait dit être parti à 20 heures de son travail, alors que la veille il avait parlé d'un pot avec un copain à la sortie du bureau. Sans même s'en rendre compte, elle avait pointé la contradiction, relevé l'incohérence. Soumis à un interrogatoire surprise, le conjoint n'avait pas apprécié. Dur, dur parfois d'être l'ami d'un juge. Les médecins voient-ils des malades partout ?

La procureur poursuit ses avertissements sur un ton sentencieux. Le pénitent accepte, capitule. Il n'est plus qu'une boule de repentir, de remords. La prison, ça lui fout une trouille d'enfer.

Soudain la femme change le registre de sa voix. Bande 4, piste 2.

Indulgence contrôlée.

— Bon, vous vous expliquerez devant le tribunal. Si vous montrez que vous avez compris, peut-être que la peine sera assortie d'un sursis.

Là, on est passé sur le mode du médecin qui, après avoir diagnostiqué une maladie incurable, précise que, malgré tout, grâce à des efforts et à une conduite irréprochable, rien n'est encore perdu. C'est grave certes, mais pas désespéré.

L'homme relève la tête. Il est prêt pour les promesses et les bonnes résolutions. Plus jamais de saoulerie dans les bars, plus jamais de discussion sur les mérites des Berrichonnes. La prescription, il la suivra à la lettre. Il s'en sent la force, la volonté.

— Voici votre convocation, finit la substitut du procureur qui tend une feuille à son interlocuteur.

— Merci, répond ce dernier, une ombre d'espoir éclairant son visage.

— Vous n'oublierez pas de venir, c'est très important pour vous.

— Merci, répète-t-il en glissant le document dans la poche de son veston.

Puis, hésitant, il demande, comme chez le docteur :

— Dites-moi combien je vous dois ? Je n'ai pas mon chéquier sur moi.

Nous avons fini le fromage depuis longtemps. Je grignote un bout de pain aux noix tandis que Thomas continue à décrire la subtilité des rouages des tribunaux. Je l'entends de loin expliquer la différence entre le droit pénal, le droit civil; les juridictions prud'homales et de commerce; les audiences à juge unique, collégiale, l'échevinage.

Son interlocuteur l'écoute d'une oreille distraite. Il se lève soudain pour annoncer des douillons, ces pommes sucrées et miellées, empaquetées dans du beurre fondu et du caramel.

— Je les avais préparés pour un ami médecin qui devait me rendre visite. Un imprévu l'a empêché de venir. Vous allez donc en profiter. J'espère que cela vous plaira.

— Lui aussi, vous aviez prévu de le faire parler à force de chiffonnade de jambon et de pâtisseries ?

— Un peu. Il y a d'ailleurs beaucoup de similitudes entre sa profession et la vôtre. Des métiers à souffrances, à misère, à risque, à erreur, à diagnostic.

— Certains d'entre nous se réfugient dans les raisonnements juridiques pour éradiquer toute décharge émotionnelle. Les tribunaux sont pourtant le point de rencontre des victimes et de leurs bourreaux; une concentration de haines balbutiées, de violences contraintes, de vengeances inassouvies et d'incompréhensions réciproques.

— Nous travaillons dans des temples religieux sans religion, sacralisant les valeurs de la République, poursuit Victor. Majestueux, sobres, inflexibles. Entre recueillement et confessionnal, une juridiction est le lieu des conciliations, des déchirements, des réparations, des passions et des pulsions déchaînées. Le tout se joue devant une Marianne aux yeux bandés dont les seins partiellement dénudés servent de plateaux à une balance sous laquelle est inscrite la devise : *Dura lex, sed lex*[1].

— En fait, nos décisions ne sont que du bricolage. Nous sommes de simples artisans. L'impartialité parfaite n'existe pas, la subjectivité totale non plus. Un jugement est une réalité collective à laquelle participent de nombreux acteurs.

— Certains vous reprochent de casser le travail des enquêteurs, de ceux qui agissent en amont sur le terrain, constate notre hôte.

— La diversité des intervenants est nécessaire. Elle permet de comprendre toutes les facettes d'une affaire. Heureusement que les policiers ne pensent pas comme les procureurs qui eux-mêmes ne pensent pas comme les avocats qui eux-mêmes ne pensent pas comme les travailleurs sociaux qui eux-mêmes ne pensent pas comme les experts qui eux-mêmes ne pensent pas comme les juges du siège qui eux-mêmes ne pensent pas comme un délinquant ou une victime. Au civil, c'est pareil.

— Cette jolie chaîne de professionnels ne fait-elle pas perdre beaucoup de temps ?

— Chronophage, on dit chez nous...

— C'est la raison de la lenteur de la justice ?

— Connaissez-vous cette histoire d'assassinats en cascade ? Une femme de Smyrne[2] tue son mari qui lui-

1. « La loi est dure mais c'est la loi. »

2. Tiré des *Cinquante jugements de Salomon*, de Pierre Saintyves, R. Kieffer, 1934.

même a tué l'enfant qu'elle avait eu d'un premier mariage. La cause est portée devant Publius Dolabella qui exerce en Asie le pouvoir proconsulaire. Celui-ci revoit aussitôt l'instruction de l'affaire devant l'aréopage d'Athènes, qui ne sachant que décider, enjoint l'accusateur et l'accusée de se présenter devant eux cent ans plus tard. Seul délai raisonnable pour condamner ou absoudre.

— Le temps judiciaire n'est pas celui des émotions. Trop lent ou trop rapide ? Le traitement en temps réel des affaires pénales engendre le meilleur et le pire. La réponse judiciaire envoyée comme un boomerang à l'agression subie par une victime peut la soulager parce qu'elle se sent prise en charge immédiatement, mais aussi la déstabiliser, car le temps lui manque pour évaluer l'étendue réelle du préjudice subi. Dans le trop lent ou le trop court, c'est le mot « trop » qui est en trop.

— On voit que ce vin te fait tourner en rond, réplique Justine à son voisin.

— Peut-être ! Mais qui parmi nous n'a jamais éprouvé de la gêne, de l'embarras ou de l'irritation ?

Justice en marche

Ce jour-là, la présidente de l'audience appuie rageusement sur la sonnerie pour avertir de son entrée dans la salle d'audience. La pièce est presque vide. Le public est restreint. Trois silhouettes se tiennent sur les bancs du fond, tandis que quelques avocats discutent sur le devant de la scène. L'un d'eux lit son journal. À l'arrivée des magistrats, ils se lèvent sans interrompre leur conversation.

— L'audience est ouverte, vous pouvez vous asseoir.

À ces mots, chacun prend place tandis que d'une voix morne la juge fait l'appel des causes. On est au TASS. Tribunal des affaires sociales. Tous les litiges du jour sont des crocodiles. De volumineux dossiers que son prédécesseur, pressé de quitter ses fonctions, a enterrés dans un placard du greffe. Quand la juge a découvert le pot aux roses, elle a audiencé les procédures qu'elle a maintenant devant les yeux.

Du lourd, rien que du lourd.

À l'écoute de son nom, un homme assis au fond se lève et s'approche. Il marche avec une canne.

— C'est vous, monsieur? s'enquiert la juge. Mettez-vous derrière votre conseil. Vous avez la parole, ajoute-t-elle en faisant signe à un avocat.

— Madame la présidente, cette procédure est ancienne et le dossier très complexe. Mon adversaire n'a conclu qu'hier, je demande le renvoi de l'affaire à une audience ultérieure.

La juge ouvre le dossier. La chemise en carton part en lambeaux.

— On aurait pu mettre une nouvelle couverture, envoie-t-elle vertement à l'attention du greffier.

Celui-ci fait un geste d'impuissance. Le remplacement des cotes n'est pas prévu dans le budget. Inutile donc de répliquer.

La juge reprend sa lecture.

L'histoire est simple. Douze ans huit mois et trois jours plus tôt, un ouvrier tombe d'une échelle sur un chantier. Douze ans huit mois et trois jours qu'on lui promet que son invalidité sera reconnue comme accident du travail et qu'il obtiendra la réparation de son préjudice. Douze ans huit mois et trois jours que son patron, qui l'a embauché au noir sans faire de déclaration, l'a déposé devant un hôpital avant de repartir s'occuper de son entreprise. Pas de temps à perdre avec les éclopés !

Depuis, l'homme claudique du pied droit. Les médecins sont formels, l'ouvrier a eu de la chance. La grande échelle était neuve, mais plusieurs barreaux défectueux. La chute était donc inévitable. De cette hauteur, la blessure aurait pu être mortelle.

Depuis, douze ans huit mois et trois jours de manège procédural : saisine des prud'hommes pour déterminer l'existence d'un contrat de travail ; saisine du tribunal correctionnel pour travail clandestin et blessures involontaires ; saisine du tribunal de grande instance pour la responsabilité du fabricant de l'échelle, référés-expertises et...

Le juge lève la tête.

— Alors maître, sur cette question de renvoi de l'affaire à une autre audience, qu'avez-vous à nous dire ?

— Je m'oppose fermement, lance le conseil. Ce dossier a tourné dans toutes les juridictions. L'employeur a systématiquement fait appel, cumulé les incidents, multiplié les expertises. Il est temps que cela cesse. Je demande que l'affaire soit retenue !

— Madame la juge, interrompt le premier avocat. Vous devez faire respecter le principe du contradictoire. Les conclusions de mon adversaire m'ont été communiquées tardivement. Je ne peux assurer la défense de l'entreprise mise en cause dans ces conditions. Vingt-cinq pages. Je n'ai même pas eu la possibilité de lire toutes les pièces.

— Depuis, vous devriez commencer à connaître ce litige ! lance vertement le conseil de X.

— Pourquoi avoir faxé vos documents hier soir ? Je maintiens ma demande de renvoi.

— Madame la présidente, reprend d'une voix houleuse l'avocat, je désire que la procédure soit retenue. Mon client a déjà tellement attendu...

Le juge hésite à dire « S'il a attendu si longtemps, on n'est plus à un jour près ».

Finalement, elle soupire. Elle est tracassée par ces dossiers qui s'empilent et qu'elle n'arrive pas à sortir. Elle se sent responsable d'un dysfonctionnement et d'une faillite sur lesquels elle n'a pas de prise. Honteuse de l'image d'une justice débordée, trop lente. Pendant un instant, son regard flotte vers le banc où l'homme est assis sagement avec sa canne sur les genoux. Elle voudrait presque s'excuser... Elle a encore en tête l'histoire de cette victime de l'amiante, malade d'un cancer, qui est morte avant d'obtenir son indemnisation.

— L'affaire est retenue...

Soyons précis

Dans les affaires de justice, l'oralité des débats oblige les magistrats à clamer devant un public des mots ou des expressions que la décence ne leur a pas appris à prononcer.

— Monsieur, avez-vous bien dit : « Ce n'est pas une grosse merde qui va me faire peur, je te pisse dessus, je te chie en plus, bâtard de mes couilles, pieds nickelés, Lucky Luke, espèce de Schmitt, t'as que ça à foutre… »

La voix de la juge ne tremble pas. Elle, dont la mère lançait à peine un « zut », ou « mazette », dont le père répétait à l'envi : « on ne jure pas, on promet », débite la prévention face à une salle silencieuse. C'est une obligation légale que de donner lecture à la personne qui va être jugée de l'intégralité du texte comprenant les faits reprochés. C'est ainsi qu'un justiciable devient un « prévenu », à savoir quelqu'un d'averti des infractions dont il doit répondre devant le tribunal.

« Je vais te niquer, je t'encule, espèce de bourricot, fils de pute, on va te crever, bande de connards, je ne vouvoie que les gens que je respecte et toi je t'emmerde, il vaut mieux pas qu'on se retrouve un jour, je ne parle pas à la basse-cour, tortionnaire de mes bollocks, je te casse ton cul à pouffiasses… »

Le ton du juge est toujours posé, parfois pourtant la voix bute sur une expression. Jusqu'à présent elle n'avait jamais injurié personne. Dans sa vie personnelle, elle se permet de temps en temps des « têtes de con » ou « peau de vache ». Dans un article lu récemment dans un magazine, elle a appris que lancer une bordée de gros mots quand on se blesse atténue la douleur. L'étude précisait que le fait de blasphémer surgissait au niveau de l'hémisphère droit du cerveau, alors que le langage est d'habitude géré par l'hémisphère gauche. Au fur et à mesure des audiences, à débiter sagement des jurons, elle se demande quelle partie de son crâne est en train de prendre le dessus. Il y a les mots qui se répètent, les autres, nouveaux, qu'elle découvre. Elle ne l'avouera jamais, il y a même ceux qu'elle ne comprend pas. « Bollock », par exemple. Il est difficile de questionner le prévenu sur ce qu'il a voulu dire exactement. Le sait-il lui-même ?

« T'es que des toutous, andouilles, tous des cons et des inutiles, je t'emmerde petits bleus, vous n'êtes que des clowns... »

Elle aimerait bien lancer un *et cetera*. Par souci de transparence, elle poursuit cependant sa litanie. Neutre, sans émotion, comme si plus rien ne l'étonnait, comme si ces mots lui étaient familiers. Surtout ne pas rougir, ne pas trembler, ne pas s'offusquer. Peut-être un jour s'y habituera-t-elle ?

« Vous n'êtes que des couilles molles et des abrutis... »

Elle se souvient d'un soir après une audience qui comme d'habitude s'était éternisée. Ce jour-là, elle avait retiré sa robe. Tout le monde était parti, pressé de rentrer chez soi. Elle était remontée dans son bureau pour déposer ses affaires et prendre son manteau. À son étage, elle avançait à tâtons. Le néon du couloir s'était éteint deux ans plus tôt, sans espoir de remplacement. Sur place, elle avait sorti sa veste, son sac et son imper quand des pas avaient résonné près d'elle.

— Je peux vous aider ? lui avait demandé le concierge qui effectuait sa dernière ronde.

— Vous m'avez fait peur !

— Désolé. Je ne voulais pas vous laisser seule dans le noir.

Après un moment d'hésitation, il avait repris.

— Je vous ai écoutée tout à l'heure. Votre mari a bien de la chance...

La juge s'était mise à rire.

— De la chance ? Pourquoi !

— C'est qu'avec toutes les cochonneries et les injures que vous débitez à l'audience, vous devez être douce et gentille le soir !

Depuis son siège, la juge poursuit son inventaire.

« Je vais te péter la tronche, si je te trouve dans la rue un contre un je te défonce la gueule, casse-moi pas les burettes... »

— Monsieur, reconnaissez-vous ces outrages ?

— Je n'ai jamais dit grosse merde, juste petite merde.

Les nains de jardin

La société qui les emploie les a envoyés suivre un stage de vente. Un séminaire de quelques jours. Pour leur apprendre à croire et à gagner. Toujours foncer.

C'était le mois dernier. Deux jours d'initiation. Ils étaient une centaine, des hommes pour la plupart. Trente ans, épaules carrées, costume noir, chemise rose claire, cravate à pois. Tous mariés ou presque, tous divorcés ou presque, tous endettés ou presque, tous se rêvant propriétaire d'une Mercedes, d'une Rolex à cinquante ans, d'un pavillon avec barbecue.

À la réunion, on leur a distribué un document cabalistique. Une bible pour initiés. Dossier interne qu'il est interdit de montrer. Des fois que des regards malveillants interprètent mal les conseils qui y sont donnés.

« Pour réussir dans les affaires, il faut joie de vivre et enthousiasme. Mort au triste. Un adulte est un enfant triste. Le sérieux est le symptôme évident d'une mauvaise digestion. Le sérieux est le dernier refuge des gens superficiels. »

« Vendre n'est pas un métier, c'est un jeu. Vous êtes le meilleur. Il faut regarder un client avec amour. Car un client est un sac d'argent. »

« Souriez, frottez-vous les mains en pensant à votre commission. »

« Une bonne affaire est une affaire moyenne avec un client moyen qui paiera forcément à crédit. »

« Repérer les nains de jardins (retraités) ou les palettes (ouvriers). »

« Trouver les points où le client est vulnérable. »

« Ne jamais vendre des prix ni des produits, mais des avantages. »

« Contrecarrer les objections. »

« Conseiller utilement en précisant que les avantages du jour ne seront plus les mêmes demain. »

« Si le nain de jardin ou la palette dit : J'ai des problèmes d'argent, répondre : Qui n'en a pas ! Nous avons toutes les solutions de crédit à votre disposition. »

« Si le nain de jardin ou la palette dit : Je dois réfléchir ; répondre : À quoi ? »

« Finir son client et ne respirer que lorsqu'il a signé. »

On est en audience de surendettement. Le juge est un juge d'instance. Les cas se succèdent sans relâche. Devant lui, un homme. Un nain de jardin, sans nul doute. Il présente un dossier avec des lettres simples et recommandées. Des rappels, des injonctions, des mises en demeure. Un seul mot d'ordre. Payer.

— Pourquoi vous êtes-vous placé dans une situation pareille ? soupire le juge. Vous auriez pu faire attention. Surtout que, de tous ces achats, peu sont utiles.

Ça, il le sait maintenant. Mais c'est trop tard n'est-ce pas ?

— Peut-être pas, fait l'homme plein d'espoir.

Sa voix tremble. Il est âgé et jamais jusqu'ici il n'a eu une seule contredanse, pas même un rappel fiscal, un oubli à l'EDF ou PTT. Ses comptes, il les a toujours tenus avec précision. Si le juge veut voir.

L'individu tend au magistrat un papier couvert de chiffres. Il a passé des heures à remplir ces colonnes : dettes, apports, prévisions, remboursements. D'une voix tremblotante, il explique :

— Regardez, si je vous promets à l'avenir de ne plus manger, de ne plus conduire, de ne plus m'habiller, de ne plus me chauffer, de ne plus me chausser, me restera-t-il assez d'argent pour payer mes funérailles ? Vous comprenez, moi, je ne veux rien devoir à personne.

Vague de froid

Le procureur de permanence ne connaît pas le concept de *mid-life crisis* décrit dans des publications scientifiques récentes. Pourtant, ce jour-là, il a à traiter un cas d'école :

La femme doit célébrer ses quarante ans. Chaque jour, elle épie sur son visage les preuves de l'outrage du temps. Rien n'est visible à l'œil nu, mais à la loupe de son angoisse, elle voit des rivières de rides, ces marques indélébiles de l'âge qui creusent ses joues et rongent son cœur.

Ce soir, sa fille lui a annoncé un dîner. De la joie, de la famille pour fêter l'anniversaire de la honte.

Elle ne souhaite pas y aller. Elle ne veut pas penser à ces cimetières peuplés de jeunes gens qui auraient tant désiré vieillir. Elle ne sait pas non plus qu'elle est un sujet porteur de deux allèles courts pour la charge de la sérotonine, faisant peser sur elle une probabilité d'épisode dépressif majeur foudroyant.

18 heures.

La fille qui vient chercher sa mère ouvre la porte avec sa propre clef.

— Maman, t'es prête ?

Rien, pas de réponse.

— Maman ?

L'intérieur est vide, d'une propreté immaculée. Sauf peut-être ce cheveu blanc qui traîne sur la console de l'entrée. Seul grain de poussière d'une maison sans poussière. Au rez-de-chaussée, rien. À l'étage, rien. La salle de bains est nickel.

Alors quoi ?

Si, une légère odeur désagréable vient de l'arrière-cuisine. Au sol, une flaque d'eau sale. Une sorte de bouillasse qui provient de produits surgelés qui fondent à la température ambiante. Les cartons s'entassent à côté de l'immense congélateur.

— Maman ?

Le coffre glacé est là. Blanc et ronronnant.

— Maman ?

À l'intérieur, le corps est apaisé. L'angoisse s'est éteinte. Le temps s'est enfin arrêté.

Une mauvaise journée

Cette journée commence mal. D'abord une assemblée générale des magistrats pour se répartir les vacances. L'atmosphère est tendue, le débat houleux. Le planning enfin établi, la juge retourne dans son bureau. Elle n'a pas échappé aux permanences du mois d'août.

C'est à cet instant que la secrétaire du président du tribunal l'appelle. Elle demande si la juge peut passer le voir.

— Quand ? Maintenant ?

— Oui, ça semble urgent.

Le président qui lui ouvre la porte sourit. Il s'assoit à côté d'elle et lui tend une lettre provenant d'un détenu qu'elle a jugé quelques semaines auparavant. Le courrier a d'abord été remis par le directeur de la maison d'arrêt au procureur de la République.

« La juge n'admet pas que je suis innocent, innocent de toutes ces choses mauvaises qu'on me reproche et des autres que les policiers n'ont pas encore découvertes. Je ne dis pas que je suis un saint et que dans ma vie je n'ai fait que du bien, mais les violences dont on m'accuse étaient légitimes. Je n'ai voulu que défendre mon honneur comme tout le monde l'aurait fait à ma place. Si on me cherche, on me trouve.

« La juge n'entend pas non plus que je ne faisais que regarder l'agrafeuse posée sur son bureau quand elle a valsé pour atteindre brutalement son visage. Pourquoi les autorités interprètent nos gestes et nos pensées ! C'était un accident.

« Je n'oublierai pas cette merde de magistrat qui, hautaine et dédaigneuse, a essayé de me donner une leçon comme elle a l'habitude de le faire, répétant comme un perroquet que c'était grave, que j'allais aller en prison, qu'il ne fallait pas recommencer et patati et patata… Quand elle aura trois coups de couteau dans le ventre, elle sermonnera moins, cette tête à claques, bien à l'abri derrière son bureau, prenant des airs de supériorité. On préfère accorder le pouvoir à ces raclures qui ne savent rien de la vie, la vraie. »

— Le procureur se charge des poursuites, lance le président. Je voulais vous en parler avant. La police va vous recevoir pour enregistrer votre déposition. Sinon, dans votre boulot, vous n'êtes pas trop débordée ?

Encore sous le choc des mots orduriers, la juge ne répond pas.

— Très bien. La collègue des affaires familiales étant en stage, je vous note pour l'audience de jeudi.

Le soir arrive enfin.

Journée pourrie, vacances gâchées, travail supplémentaire, injures sur papier.

Une fois chez elle, son mari l'accueille avec le sourire. Contrairement à elle, ses rendez-vous se sont bien déroulés. Il est content et lui propose un restaurant.

Pourquoi pas. Un moment de détente est le bienvenu. À table, elle lui annonce ses dates d'astreinte.

— Et merde ! Tu n'aurais pas pu refuser ?

La juge baisse la tête. Pour éviter une dispute, elle lui assure essayer de permuter les jours de permanence. Promesses vaines, mais la paix du dîner est à ce prix.

Vers 10 heures, de retour chez eux, le mari allume la télévision.

— Tiens, il y a un débat sur la justice, informe-t-il en ouvrant le journal. « Dis-moi par qui tu te fais juger et je te dirai qui tu es. » C'est une phrase de Mitterrand. Ils disent que c'est intéressant. Tu veux écouter ?

« Pitié, pas ça ! »

— Non, je me couche. Je suis crevée. J'ai audience demain matin.

La juge est maintenant dans son lit. Elle a fermé les rideaux et éteint la lumière. Pendant un instant, elle hésite à prendre un somnifère, finalement y renonce.

Dans une demi-torpeur, elle revoit les mots haineux du justiciable tandis que les propos diffusés par la télévision s'infiltrent dans son rêve. Les politiciens, les journalistes, de simples spectateurs, des humoristes y vont tous de leurs commentaires. Même Balzac s'y met. Les paroles flottent, éparses et venimeuses. Libre panachage d'allégations d'hier et d'aujourd'hui. L'écho des phrases lancinantes où les expressions s'entremêlent lui parvient jusque dans son sommeil.

« Ils sont tous en faute et méritent d'être sanctionnés. Nous en avons assez du harcèlement judiciaire, dont le peuple est victime. J'aimerais que la justice française fasse preuve du même zèle quand il s'agit de punir des délinquants, surtout lorsqu'ils sont multirécidivistes. Tous ces personnages jettent des bouts de vérité ou de mensonge en pâture au public. On voit ainsi des procureurs fixer quotidiennement la cote de culpabilité ou d'innocence des uns et des autres. Le corps judiciaire considère tout changement comme une castration, sans comprendre que l'authentique autorité d'un juge est d'exercer sa fonction d'arbitre et non pas de jouer un rôle ambigu. Comme s'il était légitime de martyriser les gros sous prétexte qu'on le fait avec les petits !

« Je peux témoigner que c'est un désastre d'approcher ces fonctionnaires imbus d'une immunité qu'ils ne méritent en aucun cas. On les voit enfermés dans des salles ridiculement étroites, sans majesté d'architecture et où l'air est vicié. Leurs visages renfrognés sont grimés par l'attention, attristés par l'ennui. Leurs teints s'étiolant, ils contractent des teintes ou verdâtres ou terreuses. Ces gens-là n'ont-ils donc pas les mêmes vacances que les enseignants ? Si c'est vrai, je n'en vois pas la raison.

« Si la justice est parfois si lente à être restituée, c'est que souvent ces pantins déguisés, ne sachant pas quoi en faire, hésitent entre la rendre ou la garder pour eux. L'arrogance des magistrats est offensante, leurs réactions corporatistes insultantes. La judiciarisation de la politique est en marche. Il y a deux sortes de justice : vous avez l'avocat qui connaît bien la loi, et l'avocat qui connaît bien le juge !

« Si les juges se mettent à donner gain de cause à tous les gens qui ont raison, on ne sait plus où l'on va. Nous voici face à la collusion des magistrats et au cirque des juges. Soyez chacal, ou soyez loup, les juges sont plus forts que vous. Écoutez-moi, la chose est sûre, méfiez-vous de la magistrature[1]... »

Enfin le sommeil. La juge dort. Foutu métier !

1. Doxa extraite d'écrits, de discours, de courriers de lecteurs, de chansonniers et autres.

— C'est vrai qu'on ne vous apprécie guère...

Le commentaire du cafetier tombe à plat. Personne ne lui répond. Les propos injurieux rapportés ont glissé. Nous y sommes habitués. Il y a chez nous une culture de la modération qui nous a appris à ne pas prêter trop d'attention à la mise au pilori médiatique.

Notre hôte voudrait nous faire réagir. Sans succès. Comme une suspension s'impose, il se lève, ouvre une fenêtre et appuie sur un bouton situé derrière sa caisse. Aussitôt la voix de Melody Gardot nous enveloppe. Dehors, il ne pleut plus. La nuit n'est éclairée que du halo d'un réverbère qui se reflète sur le sol mouillé.

— Surprenant cette façon de nous critiquer. D'un côté on nous fustige, de l'autre on multiplie les lois. À chaque problème, un texte. C'est la mode.

Thomas s'est lancé.

— Il suffit de regarder la taille des codes. Chaque année, ils pèsent plus lourd. Le *Journal officiel* est passé de 7 000 à 17 000 pages !

— Le « Nul n'est censé ignorer la loi » ne correspond plus à rien. Même les professionnels s'y perdent. Pourtant, on aura tous affaire au moins une fois dans sa vie à la justice.

Le cafetier, indigné, réagit aussitôt à mes propos.

— Moi, jamais !

— Mais si. Pour des événements heureux ou malheureux, personnels ou collectifs. Un problème de copropriété, un divorce, une adoption, un licenciement difficile, un conflit de voisinage, une contravention routière contestée, un testament à interpréter, une maman sous tutelle, un chien qui mord les fesses d'un passant, une maladie nosocomiale attrapée à l'hôpital, un accident de voiture... Que sais-je ?

— Comment faites-vous pour tout absorber ?

Victor s'agite. Il se redresse soudain.

— On apprend à vivre avec des statistiques, des ratios. On s'adapte peu à peu à la culture du résultat venu du monde des affaires. Bientôt le magistrat sera un boutiquier qui loue sa marchandise.

— Sauf que, chez nous, un jugement déplaît à au moins une des parties puisqu'il faut trancher un conflit et donner tort à l'un et raison à l'autre. Il y a toujours un perdant contrarié.

Je ris au propos de Justine.

— Quand inventera-t-on le questionnaire de satisfaction ? Comme pour les profs qui sont maintenant notés par leurs élèves. À la sortie d'une audience, le justiciable aura un petit papier « Comment a été le juge ? Vous a-t-il parlé, gentiment, un peu gentiment, pas gentiment du tout ? Quand il vous a envoyé en prison, cela vous a plu, un peu, beaucoup ou pas du tout ? »

Victor hoche la tête.

— Notre collègue n'a pas tort. Une bonne décision est un jugement rendu dans un délai raisonnable, mise en forme aux moindres frais et qui convient au plus grand nombre pour éviter les recours qui eux ont un prix en temps et en argent. Se prémunir du risque en préparant une réponse préétablie. On confond de plus en plus le verdict avec la personne qui l'a signé, négligeant ainsi que c'est un tribunal qui s'est prononcé. En réalité, il y a beaucoup d'incompréhension entre le justiciable et nous.

À ces mots, notre hôte recule son siège. La voix mélodieuse du haut-parleur s'est éteinte. L'échange a été âpre, légèrement agressif. Les questions traitées sont à fleur de peau.

— Pendant que je vous sers du café, n'auriez-vous pas quelques anecdotes plus roses, de celles où les yeux se brouillent de ces petits riens qui nous poussent à l'attendrissement ?

Amour et respect

Quand elle entre dans la pièce, son regard est doux et déterminé. Elle s'assoit en face du juge, seule, son manteau encore sur le dos et son sac sur les genoux. Elle veut divorcer. De ça, elle en est sûre.

— Pourquoi ?

Le juge, ce jour-là, effectue un remplacement. Son collègue chargé des affaires familiales est en stage. Le changement s'est fait au pied levé. C'est pourquoi le sourire du magistrat est crispé. La pièce dans laquelle les entretiens ont lieu est baignée d'un soleil de printemps. En temps normal, c'est la bibliothèque. On voit ça et là la crasse qui depuis des siècles s'est accumulée sur de vieux bouquins courant sur les étagères. Les rares heures de vacataires utiles pour le ménage du Palais n'autorisent pas le personnel à s'aventurer sur ces recueils de jurisprudence antédiluvienne, témoignages empoussiérés d'une réflexion toujours renouvelée. Les affaires judiciaires ne sont neuves que le temps d'un instant, elles alimentent le mouvement perpétuel des litiges, des chicanes, des conflits, de la souffrance et de la haine. Ces livres dorment. Aucune trace de doigt ne salit les reliures. Les juristes de ce tribunal, accaparés par le présent, n'ont plus le loisir de se hasarder dans la pensée de leurs ancêtres.

À la gauche du magistrat se tient la greffière qui, armée de son crayon, attend pour retranscrire les déclarations. On est en audience de non-conciliation, préambule obligatoire dans les affaires de divorce. La procédure impose au juge d'entendre d'abord les parties seules, puis ensemble avec leur avocat.

La femme a enfin retiré son manteau. Ses mains sont sagement posées sur la table. Elle a le front haut, les yeux transparents.

— Que demandez-vous ? reprend le magistrat. Pourquoi voulez-vous divorcer ?

Une question de respect, d'estime de soi, de l'autre, des enfants.

— Vous ne pouvez pas être plus précise ?

Non, elle ne peut pas. L'intimité, c'est l'intimité.

— La faute ? La cause ? insiste maladroitement le juge.

De faute, elle n'en voit aucune de très importante. Il est présent, gentil, aidant. Facilement disponible pour sa famille. Il s'acquitte des tâches ménagères comme une femme ; il ramène son salaire de labeur comme un homme. Près d'elle, il est galant comme un amant, attentif comme un ami.

— Depuis quand êtes-vous mariés ?

L'épouse fait un geste vague de la main. Un temps depuis toujours. Il a été son premier baiser, son premier amour. Il a constamment été là. Elle ne se souvient plus de l'époque où elle ne le connaissait pas.

— Alors pourquoi cette demande de divorce ?

Elle hausse les épaules légèrement. C'est comme ça. Elle ne réclame rien pour elle, un peu pour les enfants. De toute façon, il est prêt à laisser toute sa paye pour eux. Il ne discutera pas, il s'inclinera. De consentement sur leur séparation, il n'y en a aucun. Elle l'aime, il l'aime. Il ne veut pas la quitter. Mais, comme le respect ce n'est pas négociable, il subira.

En sortant de la pièce, la voix de la femme tremble. Elle fait tomber son sac. Telles les tartines beurrées, la mauvaise face contre terre. Elle se penche, ramasse pêle-mêle ses affaires, confuse de tant de maladresse, se retire, silencieuse et résolue.

Lui entre. Il est comme dans le rêve de son épouse. Gentil, tendre, présent, attentif. S'il a des défauts, il s'en excuse. Lui aussi aime sa femme. Lui non plus ne se souvient pas d'une époque où elle n'était pas à ses côtés. Six enfants ensemble. Deux sont encore petits, un ado et les trois grands sont partis. L'aîné travaille dans une banque, le second a intégré une école d'infirmier, le troisième est comme son père. Il veut être paysagiste.

— Vous êtes jardinier ? Combien gagnez-vous par mois ?

Pas beaucoup. Il est employé chez un horticulteur, une grosse boîte qui livre des bouquets coupés aux supermarchés. Toute la journée, il la passe sous les serres, les pieds dans l'humidité. Pas facile, pas drôle, mais il apprécie.

— Votre épouse a demandé le divorce, qu'en pensez-vous ?

C'est elle qui décide. Lui ne le désire pas. Depuis qu'elle lui a signifié l'ordre de partir, il s'est installé dans la cabane au fond du jardin. Pour ne pas être trop loin des enfants, de la table à débarrasser, de la vaisselle à laver et du bricolage à faire.

— Vous voulez dire que tous les jours vous êtes au domicile familial ? s'étonne le juge.

Ben oui ! La séparation imposée par son épouse ne concerne qu'eux. Pas les gamins. Donc, il vient chaque soir, dîne avec les siens – femme comprise –, raconte une histoire au plus petit, et monte le border dans son lit. Après, non sans amertume, il sort dans la nuit avec son oreiller sous le bras, traverse le champ et se couche sur la paillasse du cabanon. C'est sa punition. Il l'a méritée. Si c'est ça ce qu'elle veut, il le veut aussi.

Enfin, les deux époux sont assis en face du juge. Un avocat est présent. Il jette un coup d'œil à la fenêtre. On est vendredi après-midi. Le ciel éclatant est un défi au travail. La greffière fait le vœu rapide que le temps ne tourne pas à l'orage pour le week-end.

L'homme et la femme regardent le magistrat qui les observe. Il y a de la sympathie dans l'air, de l'estime aussi. Ces époux forcent l'émotion. Humbles et décidés. Ils s'aiment, ils veulent divorcer, car le respect, ça ne se discute pas. Si l'honneur se négocie aujourd'hui, de quoi l'avenir sera-t-il fait ?

La cause ?

Le juge ne la connaît toujours pas. Il se demande si l'avocat est beaucoup plus avancé. Quand la parole lui est donnée, ce dernier explique. La faute, on n'en parle même pas. Une aventure du lendemain, sans lendemain ; d'un jour, qui n'a duré qu'une nuit.

— Vous comprenez, monsieur aime veiller tard et madame se lève à l'aube et se couche tôt. Alors, les tentations sont ce quelles sont. Un jour, donc une nuit plutôt, monsieur s'est arrêté voir quelqu'un qui était quelqu'une, sans nom, sans visage, sans amour. Une fois, une seule. Parce que les soirées, c'est long quand le conjoint dort déjà.

— L'aventure, je l'ai pardonnée, interrompt l'épouse. Je ne lui en veux pas. C'est vrai que j'ai besoin de beaucoup d'heures de sommeil. Cette histoire d'horaire, ça a toujours pollué nos relations.

« Un petit oiseau, un petit poisson s'aimaient d'amour tendre, mais comment s'y prendre quand on est dans l'eau ? »

Le juge, qui essaye de se rappeler la chanson de Juliette Greco, dévisage l'avocat qui regarde par-delà la fenêtre. Il fait si beau de l'autre côté, dans le parc. Un air de printemps, de renouveau. Six enfants, une table à langer, une lessive à ranger, du bricolage, de la tendresse et une question d'honneur.

— Non, fait soudain le juge.

Il n'homologuera pas la convention de divorce. Non, pas cette fois-ci. Il bafouille un discours sur la notion de respect qui ne doit servir qu'à construire, pas à détruire. Il ne sait pas très bien ce qu'il veut dire. En principe, il est payé pour entendre des litanies d'arrogance, d'impudence, d'irrévérence. Alors, face à une histoire d'amour, il est désarmé. Pourtant, la loi est claire, la tentative de conciliation au tribunal est un passage obligé. Pour être franc, c'est toujours une impasse. Pour une fois...

L'avocat, qui visiblement ressent la même chose, s'adresse à ses clients.

— Vous pourriez inviter votre épouse à dîner ?

Le juge renchérit.

— Prenez le temps de parler. Entre le matin trop tôt et le soir trop tard, il y a tant d'heures à vivre ensemble.

L'homme et la femme hésitent. Ils ont l'impression de s'être déjà tout dit. Finalement, ils se laissent convaincre. Rien n'est perdu, le divorce peut patienter. Tout n'est peut-être pas fini. En tout cas, en franchissant la porte, ils veulent le croire.

Trois semaines passent. L'avocat et le juge se rencontrent dans le couloir.

— Vous avez des nouvelles de nos tourtereaux ?

— Ils se sont réconciliés, répond l'avocat. Ils m'ont affirmé que plus jamais on ne les reverra dans un tribunal.

Il y a entre ces deux hommes de loi un sourire complice. Ils sont fiers, comme s'ils avaient réussi un exploit. Il faut dire qu'à eux deux ils cumulent quarante ans de carrière, de haine et de mesquineries. Alors un essai de conciliation transformé, c'est une victoire. La seule. Ils ne sont pas près de l'oublier.

Substitution

Cette affaire, tout le monde la connaît. Il paraît que, depuis, les professionnels sont devenus méfiants. Un magistrat averti en vaut-il deux ?

La salle d'audience est calme. Assis dans son lourd fauteuil, le président se renverse en arrière. C'est la dernière procédure de la matinée. Il espère que les avocats ne seront pas trop longs. Il craint le pire, car les deux époux se tiennent au fond de la pièce. Quand les clients sont là, les plaidoiries sont souvent interminables.

— Affaire X contre Y. C'est un divorce aux torts partagés. C'est monsieur qui est demandeur, Maître, vous avez la parole.

Le juge se tourne vers l'orateur. La procédure de séparation est arrivée à son terme. On en est au stade de la décision. Celle-ci sera définitive si les parties ne font pas appel. Dans cette hypothèse, les liens du mariage seront dissous et chacun pourra convoler à nouveau à son aise.

— Merci, monsieur le président, lance le conseil. Je serai rapide. Il s'agit en effet d'un divorce qui s'apparente maintenant à un consentement mutuel. Mon client, ici présent, souhaitait se séparer de sa conjointe qui, au départ, ne le voulait pas. Finalement, après la tentative de conciliation houleuse, les esprits se sont calmés.

— Oui, je me souviens, interrompt le juge. Je reconnais monsieur et madame. C'est moi qui ai rendu l'ordonnance de non-conciliation.

Le président feuillette alors le dossier posé devant lui et retrouve le document. En le lisant rapidement, il se rappelle le mari qui réclamait de partir en ne lâchant rien, et l'épouse qui espérait rester en gardant tout.

— Il n'y a pas d'enfant ? interroge le juge.

— Si, un. Majeur, il n'est plus à la charge de ses parents. Il travaille à l'étranger où il a fondé une famille.

Puis reprenant ses explications, l'avocat poursuit.

— Le temps a fait son œuvre et maintenant les époux sont d'accord pour se séparer. Ils ont trouvé un terrain d'entente sur presque tous les éléments, même sur le montant de la prestation compensatoire qu'ils vous demandent d'entériner. Mon client offre un chiffre que vous verrez dans mes pièces. Compte tenu de sa situation et de celle de sa conjointe, cette proposition est satisfaisante. Pour le surplus, je m'en remets à mes écritures.

— Merci, soupire le juge.

Il n'en croit pas ses oreilles. Moins de dix minutes de baratin. Que lui réserve l'autre partie ?

— À mon tour d'être bref, dit le second avocat en se plaçant devant le pupitre sur lequel elle dépose son dossier. Ma cliente, qui a tenu à venir à votre audience, est revenue elle aussi à de meilleurs sentiments. S'il n'y avait eu ce problème de prestation compensatoire, nous aurions presque pu avoir un consentement mutuel. Le total proposé par monsieur était insuffisant, il semble aujourd'hui correspondre aux intérêts de tous. Voici les éléments de calcul qui vous permettront de fixer les sommes. Je ne développerai pas plus. Tout est dans mon dossier.

— Merci, donnez-moi vos cotes et pièces. L'affaire est mise en délibéré au...

Le juge s'adresse au greffier d'audience.

— Le 15 avril ? suggère celui-ci.

— Au 15 avril, fait le magistrat en finissant sa phrase.

Se tournant vers les presque déjà ex-époux, il leur précise.

— À cette date, vous pourrez alors interroger vos avocats pour connaître la décision. Monsieur le greffier, pas d'autres procédures ?

— Non, c'était la dernière.

— Très bien, l'audience est levée.

Comme à l'école, tout le monde se précipite vers la sortie. Les avocats remballent leurs affaires, suivis de près par leurs clients respectifs. Une fois la salle vide, le greffier rassemble les notes d'audience, le magistrat les dossiers.

— C'était inespéré. Quelle heure est-il ?

— Midi. Je vais avoir le temps d'aller à la piscine.

— Et moi de déjeuner. Je tiens la correctionnelle, cet après-midi.

Le greffier s'est levé et a fermé à clef la porte par laquelle entre le public. Prenant l'issue située derrière les pupitres, les deux hommes sortent dans le couloir. En rejoignant son bureau, le juge aperçoit les futurs divorcés en train de discuter dans la salle des pas perdus. Leur attitude est courtoise l'un envers l'autre. Rien dans leur comportement ne révèle ni tension ni animosité. Ils paraissent même détendus. Au milieu de leur conversation, un rire s'échappe. Lorsque leurs regards croisent celui du magistrat, ils semblent gênés, comme s'ils étaient en faute, et reprennent aussitôt une mine contrite.

Le juge, indifférent, les salue légèrement et quitte les lieux. Finalement, ce couple a été astucieux, leur séparation a été rapide, au moindre coût et dans une concorde relative. Lui généreux sans plus, elle gourmande, pas trop.

Mai, juin, juillet passent... Un jour, un début d'après-midi, alors que le tribunal sommeille, un drôle de ramdam se fait entendre au greffe civil. Une voix de femme transperce les murs.

— Je veux voir ce juge !

— Madame, vous ne pouvez pas rencontrer le magistrat. Si vous n'êtes pas d'accord avec le jugement, prenez rendez-vous avec votre avocat et faites appel, tente d'expliquer la greffière qui s'est levée pour raccompagner la furie vers la porte de sortie.

— Les délais d'appel ont expiré ! hurle cette dernière. De toute façon, je n'ai pas d'avocat !

— Mais si, vous en avez un. Regardez, il y a son nom dans la décision.

— Vous ne comprenez rien à rien, espèce de... La femme se reprend à temps.

— Que se passe-t-il ?

Le magistrat vient d'entrer dans la pièce. La greffière s'écarte et, en aparté, lui explique :

— Une affaire de divorce. La personne ici présente est furieuse, elle dit ne jamais avoir été au courant. Que jamais elle n'a voulu de séparation ! En tout cas, pas à ce prix.

La femme qui entend ce bout de phrase vocifère.

— C'est une escroquerie ! Avec tout ce qu'il gagne, tout ce que je lui ai donné... Cette décision est un torchon.

— Madame, je ne comprends pas, soupire le juge en faisant un effort de mémoire. Il se souvient vaguement de cette affaire. Un couple presque d'accord sur tout. Un divorce aux torts partagés. Même le montant de la prestation compensatoire avait à peine été discuté.

Regardant les dates, il précise :

— C'est vrai que la décision est devenue définitive. Vous ne pouvez plus faire appel. Il fallait vous remuer plus tôt. Prenez contact avec votre conseil, ajoute-t-il en levant les yeux et en fixant son interlocutrice.

Celle-ci semble soudain abattue. Le magistrat ne la reconnaît pas. Ce n'est pas étonnant. Non seulement il n'a pas la mémoire des visages, mais il voit tellement de personnes défiler devant lui qu'il n'a aucune chance de mettre le bon nom sur la bonne figure. Pourtant, quelque chose le chiffonne...

— Vous étiez bien à l'audience de non-conciliation et à celle du jugement... Vous sembliez d'accord...

— Ce n'est pas vrai. Je ne suis jamais venue ici. Je n'ai jamais été d'accord sur rien. Vous ne comprendrez donc pas ! Ce n'était pas moi !

— Qui, alors ?

La femme soupire devant tant de naïveté. Comment peut-on être juge ou avocat et se laisser si facilement berner !

— Mais l'autre, évidemment, débite-t-elle d'une traite. Sa maîtresse. Ils sont libres de faire ce qu'ils veulent maintenant...

L'homme est une femme comme les autres

Il est né garçon et une fois jeune homme il a épousé sa compagne. Par amour. Le couple a eu un enfant, fruit de leur passion. Mais les conventions sociales n'ont pas eu raison du doute, qui s'est transformé en certitude. Impossible d'être soi, quand on est une autre. Ainsi, de démarches en opération, d'opérations en détermination, l'identité profonde s'est révélée comme le papillon sort du ver à soie.

Qu'importe les quolibets, les vexations, les regards. Une vie on n'en a qu'une à vivre, alors il ne faut pas se tromper d'individualité. Les formalités ont été entreprises, à deux. L'épouse a compris et aidé. L'autre restait l'aimé, quel que soit son choix qui n'était pas un choix puisqu'il s'imposait comme une nécessité. Le mariage devenait impossible donc le divorce a été prononcé. Un consentement mutuel, sans séparation. La vie commune se conjuguait sous d'autres expressions, mais toujours avec la même tendresse. Maintenant, c'était la dernière étape de la transformation. L'apposition sur l'acte d'état civil d'une renaissance et de la féminisation d'un prénom.

Les juges en robe noire sont muets. La modification sollicitée, à savoir changement de sexe et rectification du prénom, n'affectera pas les éléments juridiques antérieurs. Le tribunal doit juste vérifier le caractère irréversible de la situation. Ils ont écouté d'abord amusés, puis surpris, enfin émus. Tant de gravité, tant de souffrances, tant de courage. Les deux personnes racontent avec leurs mots leur différence. Dans la salle, la mouche a cessé de voler. Les murs imprégnés de ce témoignage se souviennent encore de cette leçon de dignité et de vie. Chapeau bas !

La fracture de l'espoir

— Vous avez déposé une demande de divorce ?

Dans la voix du juge perce un certain étonnement. La femme assise devant lui est au moins sexagénaire.

— Soixante-treize ans, pour être précise dont cinquante-deux de vie conjugale.

— Il est d'accord ?

— Non. Il fera tout pour empêcher la séparation. Il m'a mise à la porte, bloqué les comptes, interdit de récupérer mes affaires.

— Vous savez qu'une procédure de divorce, c'est long, cher et douloureux. Pardonnez-moi, mais à votre âge, est-ce vraiment utile ?

Le juge voudrait faire comprendre qu'elle va y laisser des plumes, beaucoup de plumes. D'autant qu'en jetant un coup d'œil au dossier il voit qu'elle a travaillé toute sa vie aux côtés de son seigneur et maître, comme épicière. Femme de boutiquier d'un commerce au nom du mari. Le fonds et la clientèle étaient la propriété du conjoint. Les comptes, les retraites aussi. Pendant des années, il ne l'a pas déclarée aux organismes sociaux. Si elle a tenu la caisse du magasin, lui a toujours tenu les cordons de la bourse. L'argent du ménage c'est lui, la maison c'est lui, le lopin de terre en Bretagne c'est sa famille à lui.

— Vous avez des enfants ?

— Il a eu un garçon et une fille d'un mariage précédent. Quand je l'ai épousé, il était veuf. C'est moi qui les ai élevés. Les gamins c'est à lui aussi.

— Il a quel âge ?

— Soixante-dix-neuf ans.

— Et sa santé ?

— Un cancer du pancréas. Moi je me suis cassé le col du fémur. Ostéoporose, la maladie des vieilles femmes.

— Après cinquante-deux ans de mariage, pourquoi...

Ce que le magistrat voudrait dire, c'est pourquoi ne pas tenir quelques années de plus. Déjà que l'union des jeunes produit des divorces à la pelle. Celui des quadras et des quinquas se multiplie comme des petits pains. Alors si le quatrième âge s'y met ! Le juge ne juge pas, mais pense aux statistiques, à l'accumulation des dossiers.

— Après tant d'années de mariage, pourquoi ? reprend-il doucement.

— J'avais vingt et un ans. Pas jolie, jolie. Pas vilaine non plus, mais mal finie.

— Mal finie ?

— C'est le nom dont il m'a baptisée, la nuit de noces. La mal-finie. Endommagée si vous préférez. À la suite d'une tuberculose attrapée pendant l'adolescence. Des ovaires en mauvais état. Irréparables, d'après le médecin. À l'époque, à la campagne, une femme qui ne pouvait pas avoir d'enfants n'avait aucune chance de se marier. C'était comme une vache qui ne donnait pas de lait. Il m'a prise quand même. Par charité, m'a-t-on expliqué. Il avait besoin de quelqu'un pour travailler à l'épicerie ; d'une belle-doche pour garder les mômes, d'une ménagère pour essuyer la poussière qui envahissait sa maison depuis que l'autre était morte. J'étais reconnaissante. Je l'ai aimé par gratitude. Et j'ai fait ce qu'il y avait à faire.

— Vous n'avez pas d'argent à vous ? Un patrimoine qui viendrait de vos parents ?

— Quand je me suis mariée, il y a eu une sorte d'accord. Pas vraiment une dot, mais quelque chose d'approchant. Une compensation pour l'absence d'ovaires. C'est avec ça qu'il a acheté l'arrière-cour de l'épicerie. Il en a donné la jouissance à sa propre mère pour qu'elle gare sa voiture. Pour le reste, j'ai fait le ménage, la cuisine, torché les deux petits du premier lit et j'ai rendu usage, comme on dit par chez nous.

— Il était violent ?

— Pas plus que ça. Juste des brimades. Plutôt le soir, quand il avait bu un verre de trop. Un jour, il a battu son fils. Le gamin qui était devenu un homme est parti pour ne jamais revenir. Moi, en cachette, j'ai continué à le voir. Vous comprenez c'est un peu mon garçon. Un jour mon mari l'a su, il m'a interdit de prendre le bus pour le rencontrer.

— Et l'autre enfant ?

— Rien qu'une fille. Elle est morte très tôt. Une noyade. Son pied a glissé près des marais. Elle avait dix ans. Elle non plus n'était pas bien finie. Alors quand l'eau l'a engloutie, on a eu de la peine évidemment, mais la vie a continué, comme avant.

Le juge qui écoute un récit d'un autre temps interroge :

— Pourquoi ne pas avoir demandé une séparation plus tôt ?

Dans sa tête, il se dit qu'il est idiot. Il y a encore quelques minutes, il s'étonnait sur sa volonté de divorcer.

— Chez nous on meurt, mais on ne divorce pas. Les enfants partent, mais les épouses restent. Où serais-je allée ? Je n'étais pas si mal, je m'étais habituée.

Le juge se souvient d'une phrase lue dans un roman : « Si nous étions malheureux, nous ne le savions pas. »

— Pourquoi changer maintenant ?

La femme rougit. Tout d'un coup, elle a seize ans. Pour un peu, elle tordrait sa jupe ou sa mèche de cheveux. Elle sourit, regarde devant elle et se lance.

— Ma chute. Sur les marches du perron. Je tenais le cabas des provisions et la lumière du soleil m'a éblouie. Je suis tombée. Au début, il a refusé d'appeler le médecin, mais comme je ne bougeais plus, il a fini par le faire. L'ambulance est arrivée, on m'a transportée à l'hôpital. J'y suis restée deux semaines avant de séjourner dans une maison de convalescence près des bords de Loire. Le mari voulait que je revienne, mais le docteur a réussi à lui faire comprendre qu'en l'état je n'étais bonne à rien, et que je ne pourrais même pas lui faire la cuisine. Alors, il a accepté.

— Et ?

La femme a un petit rire, charmant. Elle essaye un jeu de mots.

— La mal-finie a pu recommencer. Quand j'ai rencontré Roger, j'ai laissé faire.

— Roger ?

— Il est au rez-de-chaussée de la maison de retraite. Circulant en fauteuil roulant à cause d'un pied cassé. On est ensemble à table. On regarde tous les deux « Questions pour un champion ». Il a toutes les réponses avant moi. Il veut m'épouser pour qu'on soit au même étage. On pourrait avoir nos chambres l'une à côté de l'autre. Quand on est marié dans ce genre d'établissement, on a quelques avantages. Le personnel est plus respectueux. Le dimanche, par exemple, on vous laisse traîner un peu plus de temps.

La femme se tait un instant. Savoure-t-elle le clair de lune du week-end dernier ?

— Roger, c'est un homme bien, reprend-elle. Quand je lui ai dit pour les ovaires, il m'a affirmé que lui, ça ne le dérangeait pas.

Enfermement

Les lieux que la magistrate est amenée à visiter lui sont inconnus. Devant elle s'étalent cinq bâtiments principaux entourés d'annexes qui se perdent dans un dédale de ronds-points, de sens giratoires et d'impasses. Un panneau précise qu'il est défendu de marcher sur les pelouses ou d'y rouler en fauteuil. Toutes les allées sont recouvertes d'une signalisation colorée indiquant des dos-d'âne, des interdictions et des circuits balisés. Le tout est cerné de murs en briques. On est très à l'écart de la ville, en pleine campagne, là où les oiseaux chantent dans la tête des pensionnaires.

Vieux à droite, fous à gauche.

Il s'agit pour elle d'une visite de contrôle. L'article L333-2 du code de la santé publique dispose que le préfet ou son représentant, le juge du tribunal d'instance, le président du tribunal de grande instance ou son délégué, le maire de la commune ou son représentant, et le procureur de la République ont l'obligation légale d'inspecter régulièrement les services de psychiatrie accueillant des patients hospitalisés sous contrainte.

Pour ses rendez-vous, on lui a attribué un infirmier. Une armoire à glace au sourire insensible. Sa présence pourtant est rassurante. Ici, les regards sont troubles, ramollis par les médicaments mais pénétrés d'angoisses, de peurs et d'émotions contrastées.

— Voici votre bureau, fait l'homme en blouse blanche. Deux pensionnaires ont demandé à être entendus. Voulez-vous que je reste ?

— Sont-ils dangereux ? murmure-t-elle.

C'est que, les malades, ce n'est pas son rayon. L'infirmier sourit, hausse les épaules.

— Pas plus que ça.

— C'est bon, laissez-moi.

Le premier placement d'office – à cette époque on parlait de personnes placées d'office, maintenant d'hospitalisées d'office. Les dénominations changent, la réalité reste la même – entre et prend place. Sa requête est simple. Il veut sortir de là rapidement. La magistrate écoute, note quelques mots, compatit et conclut :

— Je vais voir ce qu'il est possible de faire.

C'est évasif, mais à l'instant même, elle ne peut pas promettre mieux. L'entretien étant terminé, le patient se lève. Elle lui ouvre la porte, le laisse passer et se retrouve ainsi sur le palier. L'espace est plastifié de blanc, l'odeur y est bizarre, un mélange d'ammoniaque, d'urine et parfum synthétique de citron. Une dizaine de chaises meublent le coin. Sur ces chaises, des corps, tous vêtus de chemises bleu pâle et de pantalons d'un bleu plus foncé, sont avachis, les bras ballants, les yeux éteints tournés vers leur prison intérieure. De l'infirmier, nulle trace.

— À qui le tour ? lance-t-elle. Qui a demandé à me voir ?

— Moi, moi, moi, lui répond un écho de voix qui rebondit autour d'elle. Tous se lèvent et s'approchent formant aussitôt une marée étouffante.

« Idiote ! » se dit-elle en tirant sur sa jupe qu'elle trouve soudain trop courte.

« Idiote ! » pense l'infirmier qui surgit et qui par quelques grondements réussit à ramener de l'ordre.

Une fois le calme revenu, il lui annonce que son second et dernier entretien est prêt.

— Vous le prenez seule ?

Elle fait oui de la tête.

— Bon, je reste derrière la porte.

La silhouette qui entre est habillée du même uniforme débraillé. Elle s'assied, sourit niaisement et attend.

— Que voulez-vous dire ?

Il explique que lui aussi il en a marre et qu'il veut partir.

— Pourquoi ?

— Je veux revoir maman.

— Où habite votre mère ?

— Je ne sais pas, elle est morte.

— Depuis quand ?

— Quand je l'ai tuée.

« Terrain glissant », se dit la juge, qui essaye d'orienter le débat sur un sujet plus anodin. Mais le malade n'a que faire des précautions de son interlocutrice. Il veut s'expliquer et il s'explique :

Quoi ? Il a tué sa mère à coups de ciseaux. Les ciseaux étaient dans la cuisine. Sa mère lui a dit quelque chose de terrible. Quelque chose d'agaçant. De si agaçant qu'il ne s'en souvient pas. C'est à cet instant que les ciseaux se sont levés. Tout seuls. Lui n'a rien fait, rien fait que de les regarder. Sa mère elle aussi le regardait. De ses yeux méchants. Les ciseaux eux étaient très pointus. Il le sait pour les avoir essayés sur le chien. Oui le chien de son petit frère. Celui qui avait toujours tout alors que lui n'avait jamais rien. Et maman qui continuait à parler. Une sans cœur. Pas de cœur maman, pas de cœur maman.

L'homme est parti dans son histoire. Même abruti par les médocs, son regard est loin d'être vide. Il revit la scène.

La mère a saigné, mais lui aussi il saigne. C'est que même sans cœur il l'aimait bien. En tout cas, il aurait bien aimé que les ciseaux restent à leur place. Mais non, l'arme a bougé. Comme un avion. C'est comme ça que ça s'est passé. Je vais vous montrer.

La magistrate qui écoute a sorti papier et stylo pour noter quelques renseignements. Médusée, elle regarde son vis-à-vis qui regarde le stylo.

« C'est parti tout seul », s'écrie soudain le patient qui s'est saisi du crayon. Il a maintenant le poing levé.

« Que faire ? »

Après la scène ridicule de toute à l'heure, elle n'a pas envie d'essuyer de nouveau le regard narquois de l'infirmier. Alors, elle se souvient d'une histoire qu'on lui a racontée récemment. Un jeune provincial qui devait passer des examens à Paris s'était vu prêter un appartement par une tante partie quelque temps à l'étranger. Arrivé à l'aube, l'homme était entré timidement dans le domicile, en avait fait rapidement le tour. Le logement de la tante était très luxueux, meublé avec soin de tous ces objets et bibelots qui font d'un lieu un intérieur raffiné et cossu. Après avoir rangé ses affaires, il s'était fait couler un bain. Alors qu'il se dévêtait, il avait entendu du bruit sur le palier. La concierge distribuait le courrier du matin sous la porte. Le jeune homme depuis l'œilleton s'était mis à suivre les mouvements de la gardienne de l'immeuble et, voyant qu'elle repartait à l'étage inférieur, avait entrebâillé la porte pour empoigner les quelques lettres déposées sous le paillasson. Soudain, à cause d'un geste maladroit ou du vent fripon qu'importe, une enveloppe avait glissé au centre du palier.

L'étudiant était un téméraire. Un coup d'œil sur la droite, un coup d'œil sur la gauche et, hop !, en deux pas le voici en train de s'emparer du courrier récalcitrant. Quand, par un vlan ! retentissant, la porte de l'appartement s'était refermée.

Que faire, quand on est à poil, dans un immeuble où personne ne vous connaît et que l'eau du bain continue irrémédiablement de couler !

La nudité n'ayant jamais empêché personne de penser, notre jeune homme, tel Tarzan, protégé du seul paillasson, était alors descendu rejoindre la concierge pour lui dire affolé : « L'eau coule ! L'eau coule ! »

Devant cet homme de Cro-Magnon, la femme, qui en avait vu d'autres, avait alors décidé de ne pas paniquer. Surtout ne pas contrarier, prendre une voix tranquille, garder son flegme, ne pas vexer, ne pas fâcher… en attendant que la police vienne s'emparer de l'énergumène.

— Mais oui, l'eau coule, l'eau coule, s'était-elle mise à répéter comme un mantra. C'est ça, on se calme, l'eau coule… Oui, oui, l'eau coule, mon bon monsieur, l'eau coule…

Dans le bureau de l'hôpital psychiatrique, la magistrate sourit à l'évocation de cette histoire. Devant elle, l'interné est toujours aussi emporté par sa violence. Projeté dans son monde, il brandit le crayon comme une arme. Poing serré, la main avance dangereusement vers le visage de la jeune femme qui comprend que sa survie dépend de son attitude. D'une voix doucereuse, elle murmure :

— C'est bien, vous avez tué votre mère. C'est bien. Quelle bonne idée... Oui, oui les ciseaux ont volé tout seuls. C'est ça... Rendez-moi mon stylo, oui, oui, vous l'aimiez maman, oui, je comprends...

— À l'eau qui coule, je propose de substituer un calvados du pays d'Auge double distillation quinze ans d'âge, lance le cafetier qui sourit à cette dernière histoire.

Le café nous a réveillés. Justine est sortie fumer une clope, suivie de près par Victor qui tente de récupérer ses SMS sur son portable qui ne marche plus. Sa fille a laissé tomber l'appareil dans l'aquarium du salon pour savoir s'il flottait. Moi, je m'attarde devant une rangée de livres.

— Je vous sers un rhum ambré de Sainte-Lucie ? Il est doux comme une peau satinée chauffée au soleil.

— Non, merci. Avec vous, le quotidien judiciaire zigzague dangereusement.

— Toute notre profession zigzague de plus en plus ! Avez-vous entendu parler de cet escalier dont les marches sont irrégulières ? interrompt Justine. C'était un choix des architectes royaux pour empêcher la fuite des prévenus qui, ferrés aux pieds, chutaient. Aujourd'hui, évidemment, c'est le justiciable qui s'étale...

Je rebondis aussitôt. Les conditions matérielles dans lesquelles nous travaillons sont un sujet qui nous rend souvent intarissables.

— Lors d'une réunion récente, on évoquait les éventuelles difficultés relationnelles avec certains auxiliaires de justice indélicats. J'ai pensé que dans mon tribunal, il n'y avait pas d'avocats véreux, mais des souris voraces. Croyez-moi, les ravages de ces auxiliaires de justice sont redoutables.

— Pourquoi tu ne l'as pas dit ?

— Parce que les crottes de souris ou la fiente des pigeons ne nous empêchent pas de travailler. Cela induit seulement un climat de morosité. On fait le grand écart entre participer à une grande œuvre, « rendre justice », dit Victor Hugo, et souffrir de quelques mesquineries. Parfois, on a honte. Les lambeaux d'une robe noire ne suffisent pas à cacher l'envers du décor.

— En attendant, ajoute Thomas qui admire l'ambre de son verre, je forme un toast de remerciement à notre hôte. Ces gâteries m'ont réconcilié avec ma journée. Foutu métier, peut-être, mais je ne me vois pas en faire un autre. La diversité des affaires, le contact, les rapports constructifs avec mes collègues et les autres participants de la machine judiciaire me donnent la sensation d'être utile. Imparfaitement utile. Nous n'apportons qu'une réponse humaine à nos propres comportements. Je ne sais plus qui a dit que saisir les hommes dans leur diversité est une aspiration élémentaire qu'il convient de cultiver. Notre quotidien, finalement, c'est d'écouter beaucoup, de comprendre un peu et de juger sans *a priori*.

Folie douce

Lettre à l'attention du procureur de la République

Monsieur,

Je me permets d'attirer votre attention sur ma situation. Je pense avoir été victime d'une imposture, et, bien qu'ayant subi quelques revers de fortune, je crois être digne d'un minimum de respect.

Tout commence à cause de la dégradation soudaine de mon état de santé. Je me suis retrouvée dans le cabinet d'un juge. L'homme – charmant au demeurant – m'a posé quelques questions avant de me placer sous tutelle. Quand je lui ai demandé, tout à fait aimablement, de quel droit il prenait cette décision, il m'a invitée à sortir.

Vous trouverez dans les pièces jointes à ce courrier son nom et je vous prie, Monsieur le Procureur, de vérifier si cet homme est vraiment magistrat. Il était bien jeune, ne portait pas de robe noire, et il m'a semblé être rasé de la veille.

Pour m'opposer à la mesure de tutelle rendue par ce prétendu juge, je suis allée au greffe du tribunal qui m'a précisé que le recours devait s'exercer dans les quinze jours après la réception du recommandé.

Mais, Monsieur le Procureur, c'est impossible. Depuis un an, le facteur refuse toute approche de ma boîte aux lettres. Malgré de nombreux courriers transmis à ce sujet à La Poste (pièces annexes n°s 3 à 10) je n'ai jamais obtenu d'explications. Le préposé récemment m'a simplement injuriée en me disant

« Tu nous fais chier, vieille morue », propos que je vous laisse apprécier. Je vous joins à toutes fins utiles le nom et l'adresse de ce malotru que vous sanctionnerez avec une particulière sévérité. Car à mon âge et quelles que soient mes difficultés financières, j'exige le respect des subalternes de l'Administration française.

Revenons au sujet de ma plainte. J'ai 69 ans et je suis totalement désespérée, désemparée, fragilisée en tous points. Mon état de santé, comme je vous l'ai déjà dit, s'aggrave. J'ai des dépressions, angoisses, insomnies, crises de larmes, lombalgies, douleurs à la jambe droite, névralgies faciales.

Mon rhumatologue a fourni un certificat attestant que je suis saine d'esprit, qu'aucune mesure de protection n'est indispensable tant ma capacité à raisonner est unique. Il a même ajouté que j'étais apte à tous les sports, sauf le saut à l'élastique.

Je dépose son certificat comme pièce à conviction de mon recours contre la décision de tutelle de ce prétendu juge.

Comme vous voyez, en dehors de ma situation financière, je n'ai aucunement besoin d'une mesure de protection.

J'ai déjà avisé Monsieur le Préfet, Monsieur le Député, Monsieur le Sénateur, Monsieur le Président de l'association des handicapés de Paris, Monsieur le Ministre de la Justice et Monsieur le Ministre des Anciens Combattants (mon mari ayant servi quelque temps sous les drapeaux). Personne ne m'a jamais répondu !

Je sollicite donc, Monsieur le Procureur, une considération urgente de mes problèmes. Dans l'expectative d'une réponse favorable de votre part et, espérant que vous êtes encore un homme intègre..., je vous prie de croire Monsieur le Procureur à l'expression de toutes mes prérogatives.

P-S. Malgré de nombreux appels à vos services pour obtenir un rendez-vous, je n'ai jamais été utilement renseignée. La standardiste du mercredi est particulièrement désinvolte. À moins qu'elle n'ait une déformation de la mâchoire, je pense qu'elle mâche des boules de gomme en téléphonant.

Le signe

Audience sans fin… Encore une. Vingt-trois heures. Plan Vigipirate. Paris est quadrillé.

Devant le Palais, les gendarmes font les cent pas, mitraillette au poing.

— Bonsoir, madame la juge, fait l'un d'eux. Vous sortez bien tard.

— Ne m'en parlez pas. C'était interminable. Bonne soirée !

— Bonne soirée.

La femme hésite. Regarde le cadran de sa montre. Pas de bus… Pas le courage de courir dans les couloirs du métro avec son sac plein de dossiers au bout des bras. Trop grosse fatigue. Finalement, le mouvement incertain, elle décide de héler un taxi.

Un premier véhicule passe sans remarquer son signe.

Alors, l'homme en uniforme complaisant s'approche et à la vue d'une nouvelle voiture lève la main d'un geste autoritaire.

Un deuxième taxi s'arrête. Le gendarme ouvre la porte, la femme s'engouffre dans l'habitacle. Elle donne son adresse au chauffeur et se renverse sur le siège. La ville défile par la vitre. Pensées perdues, égarées dans l'amorce du sommeil. Rêveries de fin de journée. Minutes sacrées où les soucis s'apaisent, sortent du dessus du crâne, comme l'air d'un pneu troué.

— On est arrivé, lance soudain le conducteur.

— Pardon ?

La juge n'a rien entendu. La voiture est pourtant à l'arrêt devant le porche de son immeuble.

— Déjà. Vous avez fait vite.

Il y a de la déception dans la voix. Le ronronnement du moteur était réconfortant. Là dans cette boîte noire, elle se sentait protégée. Peut-être aurait-elle aimé que le trajet ne cesse jamais. Mais la réalité a ses exigences que la fatigue n'excuse pas.

Ouvrant son sac, elle interroge sans regarder le compteur :

— Combien je vous dois ?

— Rien.

— Comment ça, rien !

— C'est cadeau.

Incrédule, elle s'apprête à demander des explications, le chauffeur la devance.

— Tout à l'heure, quand le gendarme a fait signe, j'ai eu la peur de ma vie. Vous comprenez, la semaine dernière je me suis fait arrêter pour un phare défectueux. Une course à l'œil, c'est moins cher qu'une contredanse.

L'encre du stylo

Cette anecdote, Victor hésite à la rapporter. L'histoire est arrivée sur le bureau du procureur à la suite de la plainte d'un notaire, il y a des années, dans une lointaine province.

Le notaire est chez lui. Il est tard. On sonne à sa porte.

— Monsieur ?

— Quoi ?

— Vous pouvez venir ? Mon père est malade.

— Appelez un médecin.

— N'êtes-vous pas notaire, un truc comme ça ?

— Justement, si quelqu'un est souffrant, je ne peux rien pour vous.

— On a besoin de vous. Comme témoin. Vous savez, pour les dernières volontés.

— Un prêtre, vous voulez dire ?

— Quelqu'un qui peut authentifier la parole d'un mourant. Mon père veut faire un testament. Il ne peut plus écrire, alors si c'est nous qui notons, cela n'aura pas la même valeur, vous comprenez.

Le notaire hésite. Le film qui passe à la télévision est très mauvais et le jeune homme devant lui paraît déboussolé.

— Attendez un instant, je préviens ma femme et je prends ma veste.

Dans l'ascenseur, les regards se croisent.

— Expliquez-moi un peu mieux la situation de votre père ?

— En vrai, c'est mon beau-père. Ma mère vit avec lui depuis des années. C'est triste.

Le notaire d'un signe de tête compatit.

L'appartement dans lequel on le fait entrer est sombre. Déjà un silence de mort. Les rideaux sont tirés et flotte une odeur l'éther. Dans la chambre, l'obscurité est encore plus grande. Dans un grand lit, une silhouette est allongée. Ne dépasse des draps qu'un visage bandé ne laissant apercevoir que la bouche, le nez et les yeux.

Le notaire s'approche à tâtons. Il entrevoit une ombre assise à la droite du lit.

— C'est ma mère, explique le jeune homme.

— Avancez, fait-elle. J'ai préparé du papier et un crayon.

Puis, se tournant vers la forme tendue, elle ajoute :

— Chéri, c'est le moment. Que veux-tu dire ?

D'un mouvement calme, la compagne pose sa main sur le bras du mourant. De ce que le notaire peut voir, le geste semble tendre, sincère. La voix du malade est tremblante. Le souffle est rauque. Presque inaudible. La silhouette allongée donne l'impression de chercher sa respiration.

L'officier ministériel s'assoit dans un fauteuil un peu à l'écart. Le lit est assez haut, et une couverture maladroitement pliée retombe en partie sur le sol. La voix rauque reprend :

— Je soussigné, exprime la volonté de donner tous mes biens à...

— Une minute s'il vous plaît.

L'homme de loi a cessé d'écrire. L'encre du bic est épuisée. Une petite secousse pour le faire repartir, en vain. Il essaye le vieux truc éculé de frotter la pointe sur la semelle de ses chaussures. Toujours rien. Encore une tentative.

C'est à cet instant que le stylo s'échappe, tombe et roule sous le lit.

— Je vous prie de m'excuser, murmure-t-il.

Il est maintenant à genoux, à la recherche du crayon. Grâce à un rai de lumière qui vient de la fenêtre, il croit apercevoir l'objet qui se confond avec les dessins du tapis. Sa main progresse en tâtonnant le sol. Ça y est, il le voit. Juste sous la couverture, là où les plis forment un passage. Le notaire, toujours accroupi, s'avance, tend son bras et sent une forme. Épaisse, froide, raide.

Salle des pas perdus

Que fait donc ce cadavre dans la pénombre de cette chambre mortuaire ? se demande-t-il avant de comprendre qu'on ne l'a appelé que pour valider un faux testament. Le vrai mort, lui, est déjà mort depuis longtemps, gardant au creux de l'éternité ses dernières volontés.

Voisinage

— Monsieur, vous vous souvenez que votre voisin a une servitude sur votre terrain. Vous ne pouvez donc rien y construire dessus.

— Je veux pourtant y bâtir une écurie pour mon cheval.

— Impossible. Si vous le faites, vous vous mettrez en difficulté. Je serai contraint de vous faire un procès.

— J'ai déjà promis à mon fils.

— Monsieur, je vous le répète, c'est interdit. Nous vous avons payé l'usage de cette servitude devant notaire. Vous vous en souvenez ?

— Bien sûr que je m'en souviens, mais le notaire est mort !

Soyez-en remercié

Monsieur le procureur,

J'ai la particulière complaisance de vous accuser bonne réception de votre courrier de ce jour qui m'a procuré l'agréable plaisir de vous lire sur une correspondance ayant pour action de classer sans suite la contravention qui avait valu le mécontentement de la police au sujet de la vitesse insatisfaisante de mon véhicule, pour laquelle vous avez bien voulu entendre mes explications.

L'excès de zèle des services de l'ordre, à qui malgré cet incident je dois le plus grand respect, était inversement proportionnel à la vélocité de mon automobile dont les maximales sont inférieures à celles indiquées sur les autoroutes.

Par la présente, je tiens à vous remercier non seulement sur ce point, mais aussi sur bien d'autres sur lesquels il ne m'est pas permis de m'étendre à juste titre, en dehors de vous rappeler que ma confiance vous est acquise et ceci depuis toujours.

En effet, il convient de souligner que, compte tenu de mon âge et de mon souci de rigueur face aux impératifs de la loi, je tends dès que l'occasion m'est offerte de prouver mon allégeance aux autorités.

En conséquence, je vous demande de ne pas vous plier sur les termes de notre conversation téléphonique que le nuage a dissipée et émets le vœu d'avoir l'insigne honneur de vous rencontrer et de renouveler ainsi ma gratitude.

Vous souhaitant bonne réception de la présente, veuillez agréer, cher Monsieur le Procureur l'expression de mes salutations distinguées.

Dans le bistrot, l'aube pointe son nez derrière les vitres. Au loin on entend le ronronnement des camions qui ramassent les détritus de la fête de la veille.

Thomas et Victor maintenant se chamaillent sur une histoire de responsabilité des juges ou de réformes à venir. Les sujets à polémique ne manquent pas dans ce métier. Justine lance la phrase de Bernanos dans les *Dialogues des carmélites* :

— « Ce n'est pas la règle qui nous garde, c'est nous qui gardons la règle. »

Je voudrais la soutenir, mais je n'en ai pas le courage. Cette citation m'a toujours émue. Elle fait sens à notre liberté, notre indépendance.

Le cafetier s'active. Je le vois ranger sur un plateau les dernières assiettes et les couverts. Nos verres sont vides. Il reste du café dans un Thermos.

Dans ma torpeur, je me demande si je n'ai pas rêvé. Avons-nous vraiment mouliné nos souvenirs ? D'où nous est venu ce florilège d'histoires vécues ou rapportées ? Alors que je me tourne vers Thomas pour lui poser la question, j'entends une voix me murmurer à l'oreille. Je ne sais pas qui me parle.

— Tous les mots ne sont pas justes. On ne peut pas figer la parole. Rien ne peut se retranscrire, tout se raconte. La parole reste et s'amuse. Elle danse de mémoire en mémoire et nous revient entrelacée avec d'autres mots. Rien de ce que nous révélons de nous-mêmes n'est assez faux pour ne pas être vrai.

Postface

La justice veille au respect des lois et garantit les droits de chacun. Les juridictions civiles tranchent les litiges mais n'infligent pas de peines. Certaines affaires sont examinées par des juridictions spécialisées. Les personnes soupçonnées d'une infraction, par exemple conduite sans permis, vol, meurtre, sont jugées par les juridictions pénales.

Un juge est un magistrat chargé de trancher les litiges dans une procédure dont la mise en œuvre constitue ce qu'on appelle le procès. On distingue les juges du siège qui prononcent des jugements et les magistrats du parquet qui défendent l'intérêt public, apprécient l'opportunité des poursuites et dirigent les enquêtes judiciaires (voir tableau page suivante).

Premier jugement		
Juridictions civiles	Juridictions spécialisées	Juridictions pénales
Tribunal de grande instance Il est issu du tribunal de district créé en 1792. Ces juridictions sont dites de droit commun ; elles ont une compétence générale Nombre : 179 tribunaux de grande instance dont 7 à compétence commerciale Litiges de plus de 10 000 euros et litiges divorce, autorité parentale, succession, filiation, immobilier, état civil	**Conseil de prud'hommes** Nombre : 210 Litiges entre salariés ou apprentis et employeurs portant sur le respect des contrats de travail ou d'apprentissage	**Cour d'assises** Nombre : 102 Crimes (infractions les plus graves) passibles de la réclusion jusqu'à la perpétuité
Tribunal d'instance Nombre : 305 Litiges de moins de 10 000 euros et litiges de crédit à la consommation Règle des litiges de valeur pécuniaire inférieure à 10 000 euros. Il est spécialisé dans le règlement de litiges concernant notamment : — Le surendettement des particuliers — Le crédit à la consommation — Les baux d'habitation — Le bornage	**Tribunal de commerce** Nombre : 135 Litiges entre commerçants ou sociétés commerciales	**Tribunal correctionnel** Délits passibles d'emprisonnement jusqu'à 10 ans et d'autres peines (amendes, peines complémentaires, travail d'intérêt général)

Juge de proximité Petits litiges jusqu'à 4 000 euros (consommation, conflit de voisinage, injonctions de payer et de faire...)	**Tribunal des affaires de sécurité sociale** Nombre : 115 Litiges entre les organismes de Sécurité sociale et les personnes assujetties	**Tribunal de police** Contraventions de cinquième classe passibles d'amendes. Il statue à un juge unique et siège au tribunal d'instance
	Tribunal paritaire des baux ruraux Litiges entre propriétaires et exploitants de terres ou de bâtiments agricoles	**Juge de proximité** En matière pénale, les juges de proximité sont compétents pour les quatre premières classes de contraventions
Juridictions pour mineurs		
Juge des enfants Prend des mesures de protection à l'égard des mineurs en danger Juge les infractions commises par des mineurs	**Tribunal pour enfants** Nombre : 156 Délits commis par les mineurs et crimes commis par les mineurs de moins de 16 ans	**Cour d'assises pour mineurs** Crimes commis par des mineurs de plus de 16 ans

Appel
Cour d'appel Nombre : 35 Lorsqu'une ou plusieurs personnes ne sont pas satisfaites du premier jugement, elles peuvent faire appel. La cour d'appel réexamine alors l'affaire. Depuis le 1er janvier 2001, les verdicts des cours d'assises peuvent faire l'objet d'un appel devant une nouvelle cour d'assises composée de 3 juges professionnels et de 12 jurés.

Contrôle (Pourvoi)
Cour de cassation Nombre : 1 Cette cour ne rejuge pas l'affaire mais elle vérifie si les lois ont été correctement appliquées par les tribunaux et les cours d'appel. Elle est située à Paris.

Tiré du site officiel du ministère de la Justice.

Remerciements

Comment ne pas exprimer ma gratitude à tous ceux qui m'ont permis de rapporter ces morceaux choisis, paroles vivantes et vibrantes qui circulent dans les salles des pas perdus des tribunaux.

D'abord, merci à Denis Bouchain qui a lancé ce projet. À Frédéric Lenoir, fidèle parmi les fidèles, qui ne cesse de me soutenir avec conviction et amitié depuis la publication de mon premier roman. Un vif merci à Henri Roussel pour sa patience et à Marie-Odile et Jean-François Barbier-Bouvet pour leur soutien affectueux et constant. Sans oublier Serge Dupont-Vallin, écrivain gastronome, qui a composé le repas et choisi les vins.

J'ai une pensée amicale et reconnaissante pour S. Gayet, F. Girardet, M. Volpelier, G. et J.-P. Felz, N. Malo, J. Poitou, je les remercie de leurs critiques et de leurs suggestions judicieuses.

Mes pensées du fond du cœur vont aussi à mes amis et collègues qui m'ont assistée et révélé leur quotidien : B. de Beaupuis, V. Boisselet, C. Hermerel, J. Labaye, E. Larsabal, F. Rouge, et tous ceux que j'ai croisés et qui me font l'honneur de leur confiance et de leur amitié.

La photocomposition de cet ouvrage
a été réalisée par
GRAPHIC HAINAUT
59163 Condé-sur-l'Escaut

Cet ouvrage a été imprimé en France
par CPI Bussière
à Saint-Amand-Montrond (Cher)
en janvier 2012

N° d'édition : 14815. – N° d'impression : 113770/1.
Dépôt légal : février 2012.